Deutsch mit Olli 3

Sprachbuch

Arbeitsheft
LEICHT | BASIS

erarbeitet von
Christine M. Kaiser
Lisa Wegerle

illustriert von
Sandra Reckers
Axel Nicolai
Petra Eimer
Christian Bartz

Cornelsen

Inhalt

Inhalt

Ich bin Olli und begleite dich durch dein Arbeitsheft!

Unsere Strategien
⌣ Silben schwingen
Ⓐ Groß oder klein?
⚡ Wörter ableiten
↝ Wörter verlängern
Ⓜ Merkwörter

LEICHT   BASIS

3

Richtig oder falsch?

Mit diesen Fragen kannst du dein Wissen überprüfen.

Lies genau und entscheide, ob richtig oder falsch. Kreuze an.

Trage die angekreuzten Buchstaben nacheinander
auf Seite 5 ein, um das Rätsel zu lösen.

	Richtig	Falsch
In den Sommerferien muss ich jeden Tag in die Schule gehen.	☐ P	☐ D
Namen für Menschen, Tiere und Dinge sind Nomen.	☐ U	☐ A
Nomen schreibe ich klein.	☐ N	☐ H
Der, die und **das** sind bestimmte Artikel.	☐ A	☐ Ä
Der bestimmte Artikel in der Mehrzahl ist **die**.	☐ S	☐ T
Das Wort **Segelschiffe** hat drei Silben.	☐ R	☐ T
A, E, I, O und **U** nenne ich Silbenkapitäne oder Selbstlaute.	☐ S	☐ O
Die Buchstaben **B, C,** und **D** sind Mitlaute.	☐ U	☐ B
Au, Ei und **Eu** sind Zwielaute.	☐ P	☐ N
Ä, Ö und **Ü** sind Umlaute.	☐ E	☐ I
Verben sagen was Menschen, Pflanzen, Dinge oder Tiere tun.	☐ R	☐ L
Adjektive beschreiben wie jemand oder etwas ist.	☐ A	☐ E

Wissens-Check

	Richtig	Falsch
Lesen, Leseausweis und **Bücherei** gehören zur gleichen Wortfamilie.	☐ V	☐ U
Gehen, laufen und **schlafen** gehören zu einem Wortfeld.	☐ W	☐ F
„**Die Schwimmbrille ist neu.**" ist ein Fragesatz.	☐ K	☐ G
Nach einem Aufforderungssatz schreibe ich ein Ausrufezeichen.	☐ E	☐ A
„**Opa Meer badet.**" ist ein richtiger Satz.	☐ R	☐ P
Das Alphabet hat 30 Buchstaben, wenn **ä, ö, ü** und **ß** mitgezählt werden.	☐ A	☐ S
Die Wörter **Angel, Meer** und **baden** sind richtig nach dem Alphabet geordnet.	☐ E	☐ S
Wenn ich nicht weiß, ob ein Wort mit **e** oder **äu** geschrieben wird, suche ich ein verwandtes Wort.	☐ S	☐ N
Wenn ich nicht höre, ob ein Wort am Ende mit **d, t, b, p, g** oder **k** geschrieben wird, verlängere ich das Wort.	☐ T	☐ D

Lösung:

									!

Hier trägst du die Buchstaben nacheinander ein.

1

Wortstamm und Wortfamilie

1 Lies den Kasten.

> Wörter mit dem gleichen Wortstamm gehören zu einer Wortfamilie.
> Manchmal verändert sich der Wortstamm in einer Wortfamilie.
> **les**en: das **Les**ebuch, er **lies**t, sie **las**, …

2 Welches Wort gehört nicht zur Wortfamilie? Streiche durch.

lachen: lacht   Lachanfall   ~~lesen~~

schreiben: schrieb   rufen   Schreibheft

trinken: spielen   Getränk   trinkt

bauen: Gebäude   baut   essen

lesen: laufen   liest   Lesenacht

malen: Maler   anmalen   auspacken

springen: abspringen   rennen   Springseil

3 Markiere den Wortstamm.

> **Lese**ausweis   verlesen   er liest
>
> Lesebuch   vorlesen   Lesezeichen
>
> leserlich   Leseratte   sie las

Wortstamm und Wortfamilie

1 Markiere in den Sprechblasen alle Wörter aus der Wortfamilie **trinken**.

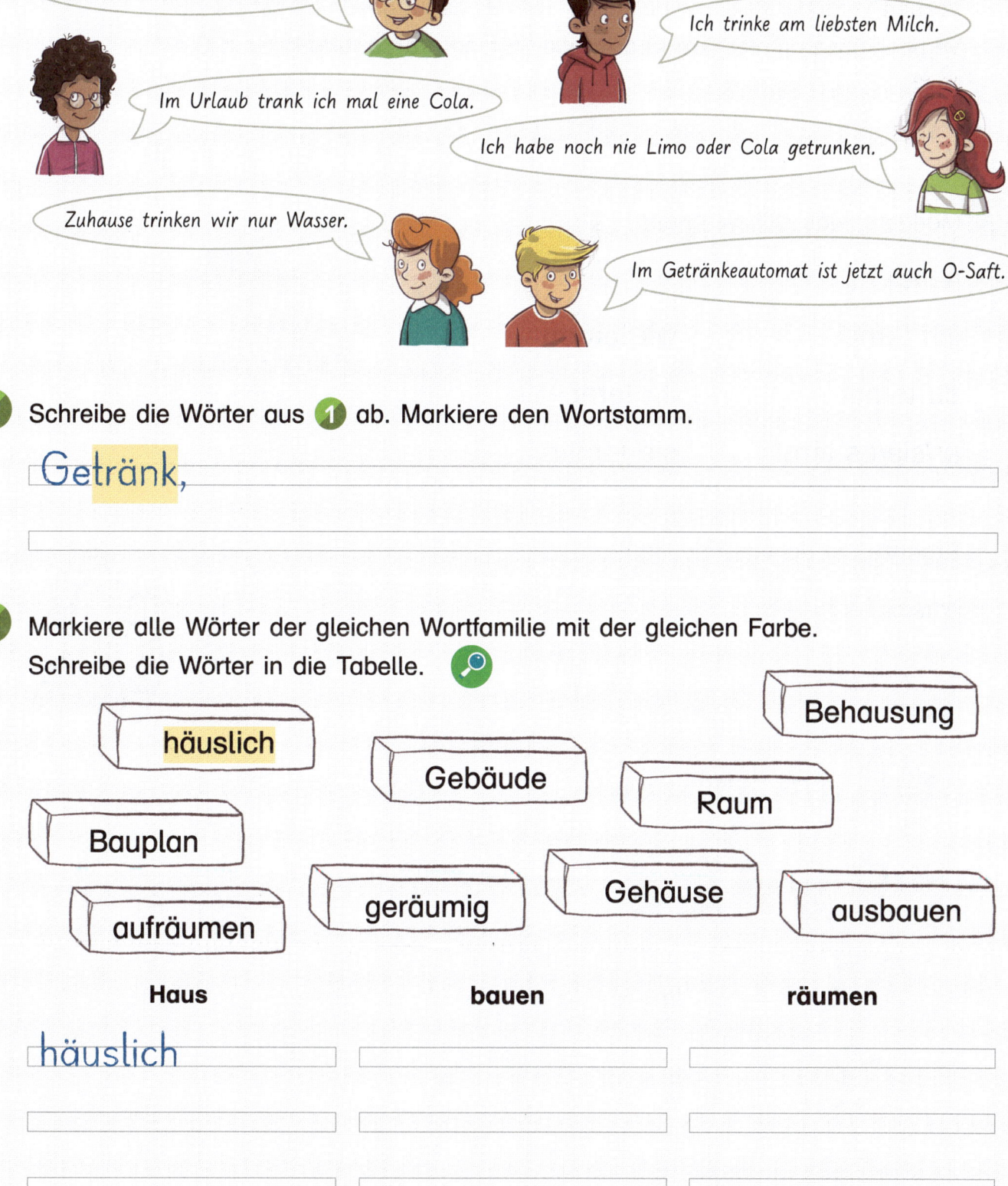

Mein Getränk ist ohne Zucker.

Ich trinke am liebsten Milch.

Im Urlaub trank ich mal eine Cola.

Ich habe noch nie Limo oder Cola getrunken.

Zuhause trinken wir nur Wasser.

Im Getränkeautomat ist jetzt auch O-Saft.

2 Schreibe die Wörter aus **1** ab. Markiere den Wortstamm.

Getränk,

3 Markiere alle Wörter der gleichen Wortfamilie mit der gleichen Farbe.
Schreibe die Wörter in die Tabelle.

häuslich

Behausung

Gebäude

Raum

Bauplan

Gehäuse

aufräumen

geräumig

ausbauen

Haus	bauen	räumen
häuslich		

Grundform und Personalformen von Verben

1 Lies den Kasten.

Verben verändern sich, je nachdem, wer etwas tut oder was geschieht.
Verben können in der **Grundform** oder in einer **Personalform** stehen.
lern**en** (Grundform): ich lern**e**, du lern**st**, er lern**t** … (Personalformen);
regn**en** (Grundform): es regn**et** (Personalform)

2 Markiere, was sich verändert.

lernen

ich lern**e**   wir lernen

du lernst   ihr lernt

er/sie/es lernt   sie lernen

3 Ergänze die richtige Endung.

trinken

 ich trink

 du trink

 er/sie/es trink

 wir trink

 ihr trink

 sie trink

| e |
| t |
| st |
| t |
| en |
| en |

Grundform und Personalformen von Verben

1 Schreibe zu jeder Grundform vier Personalformen. Markiere den Wortstamm und die verschiedenen Endungen.

	ich	du	er/sie/es	ihr
malen				
riechen				
klopfen				
fliegen				
turnen				
wählen				

2 Schreibe zu jedem Wortstamm die Grundform und zwei Personalformen. Markiere die Endungen.

	Grundform	wir	sie (Mehrzahl)
wasch	waschen		
bad			
dusch			
putz			

3 Vergleiche die Endungen der Grundformen und Personalformen in **2**. Was fällt dir auf?

Lange und kurze Selbstlaute

1 Lies den Kasten.

> **Selbstlaute** (Vokale) können lang oder kurz klingen. Nach einem kurzen Selbstlaut folgen mindestens zwei Mitlaute (Konsonanten).
>
> der Sch<u>a</u>l – n<u>a</u>chts, der <u>E</u>sel – der <u>E</u>nkel, der F<u>u</u>ß – k<u>u</u>rz

2 Schreibe die Selbstlaute auf.

A,

3 Setze einen Punkt unter den kurzen Selbstlaut.
Markiere die folgenden beiden Mitlaute.

 R<u>o</u>ck  Saft gelb

Milch Punkt Schwamm

Schaaaaal... Wenn ich mit meinem Flügel bis zur Spitze komme, klingt es lang.

4 Kreise die Wörter mit kurzem Selbstlaut ein. Markiere die Wörter
mit langem und kurzem Selbstlaut in unterschiedlichen Farben.

Kind Feder Hut Punkt

 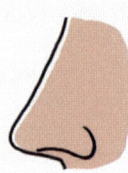  

kalt Nase rot Sonne

Lange und kurze Selbstlaute

1 Lies die Wortpaare laut und deutlich. Markiere die kurzen und langen Selbstlaute mit · oder −.

radeln – Ratte	Weg – Wette	Lager – Lamm	rund – Wut
Hof – hoffen	Schwamm – nagen	Donner – rot	Punkt – Zug
legen – kennen	Kegel – Kerl	Blume – kullern	toben – tollen

2 Schreibe die Wörter aus **1** in die Tabelle.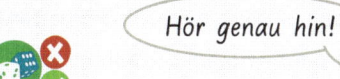

Hör genau hin!

langes a	kurzes a	langes e	kurzes e
radeln			

langes u	kurzes u	langes o	kurzes o

3 Markiere in **2** jeweils die Konsonanten nach dem kurzen Selbstlaut. Ergänze den Merksatz.

Nach einem kurzen Selbstlaut (Vokal) folgen mindestens

_____ .

Doppelte Mitlaute

1 Lies den Kasten.

> Bei einem kurzen Selbstlaut kann ich nur kurz auf die Nase tippen.

> **Doppelte Mitlaute** (Konsonanten) folgen nur nach einem kurzen Selbstlaut.
>
> der Ball, nett, tippen, der Sommer, der Kuss

2 Markiere die doppelten Mitlaute und den kurzen Selbstlaut.

Klasse	lassen	Schlüssel	fallen

Teller	treffen	Giraffe	füttern

3 Schreibe die Wörter auf.

Pfan-   Pfanne

Kan-

-ne

Ton-

Son-

4 Schreibe. Markiere die doppelten Mitlaute.

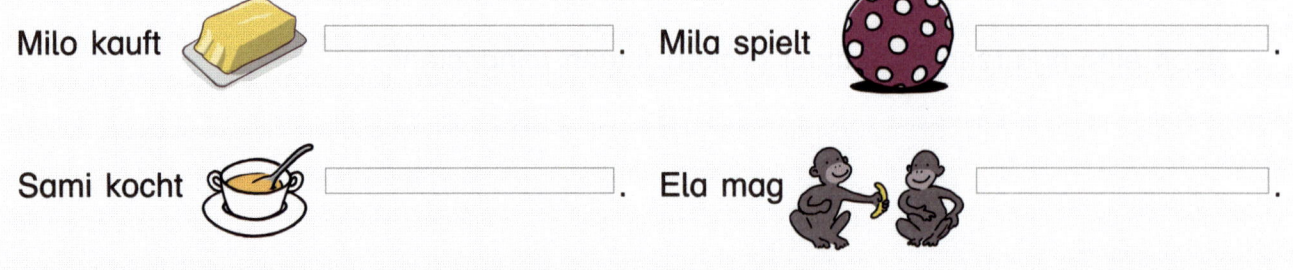

Milo kauft _____.   Mila spielt _____.

Sami kocht _____.   Ela mag _____.

Doppelte Mitlaute

1 Was gehört zusammen? Verbinde die gelben Kästchen passend mit den Silben in den grünen Kästchen.

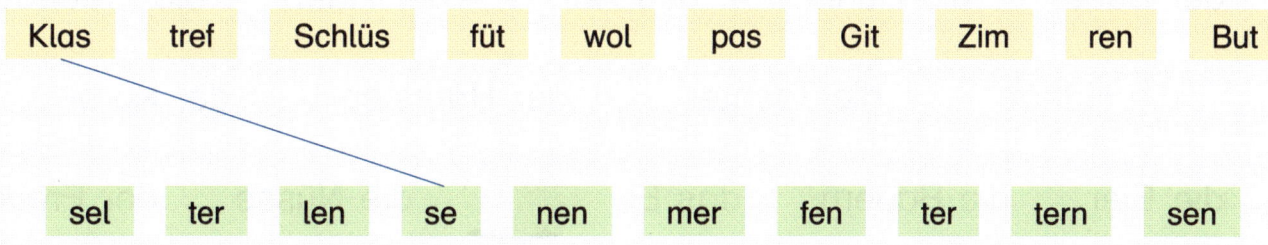

| Klas | tref | Schlüs | füt | wol | pas | Git | Zim | ren | But |

| sel | ter | len | se | nen | mer | fen | ter | tern | sen |

2 Schreibe die Wörter aus **1** auf. Markiere in jedem Wort den doppelten Mitlaut und den kurzen Selbstlaut davor.

Klasse,

3 Ergänze die Endsilben der Wörter. Markiere jeweils den kurzen Selbstlaut vor dem doppelten Mitlaut.

Draußen scheint die Sonne.

Der Him_____ ist strahlend blau.

Doch die Kinder müs_____ noch

bis zur großen Pause in der Klas_____

aushar_____. Endlich! Beim Klang

der Glocke las_____ al_____ Kinder gleichzeitig ihre Stifte

fal_____ und ren_____ auf den Pausenhof. Einige es_____ erst

einmal ihr Pausenbrot. Andere schnap_____ sich Bäl_____ aus

der Ton_____ und spielen damit zusam_____.

Nomen erkennen

1 Markiere alle Nomen, die in der Einzahl stehen.

der Bauer   die Hühner   das Huhn   der Hahn   die Freunde

die Hähne   die Tochter   der Hamster   der Korb

die Eier   die Bauern   das Ei   die Nüsse   der Freund

die Körbe   die Töchter   die Hamster   die Nuss

2 Schreibe die Nomen aus **1** in der Einzahl und in der Mehrzahl auf.

der Bauer – die Bauern,

Viele Nomen verändern sich in der Mehrzahl.

3 Lies die Aussagen. Kreuze an.

	richtig	falsch
Nomen können in der Mehrzahl stehen.	☐	☐
Manchmal werden Nomen kleingeschrieben.	☐	☐
Nomen schreibe ich immer groß.	☐	☐
der, **die** und **das** sind bestimmte Artikel.	☐	☐

Nomen erkennen

1 Finde im Text alle Nomen. Markiere sie.

DER BAUER FÜTTERT DEN HAHN

UND DIE HÜHNER. SEINE TOCHTER

HILFT IHM DABEI. IN EINEM KORB

SAMMELT SIE ALLE EIER.

2 Schreibe die Nomen aus **1** in die Tabelle.
Achte auf die richtige Schreibung.

Menschen	Dinge
der Bauer	

Tiere	Pflanzen

4 Ergänze in der Tabelle in **2** zwei Pflanzen.

5 Welche Tiere leben noch auf dem Bauernhof?
Schreibe Sätze und markiere die Nomen.

_____

_____

_____

Nomen für Gefühle

1 Lies den Kasten.

> **Namen für Gefühle** sind **Nomen** (Substantive).
> Nomen schreibe ich groß: die Freude, das Glück, der Schmerz

2 Markiere alle Nomen für Gefühle.

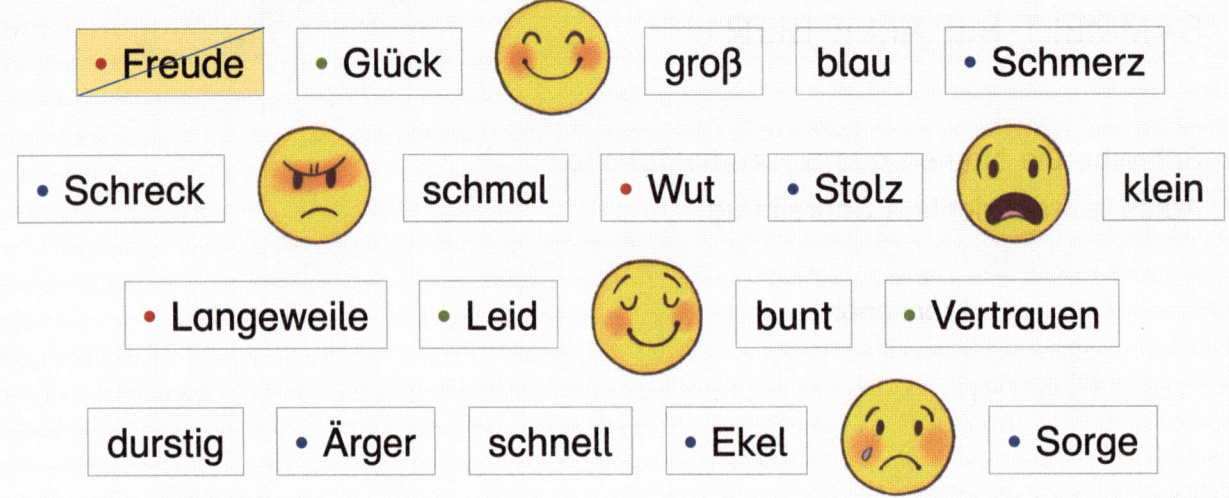

• Freude • Glück groß blau • Schmerz

• Schreck schmal • Wut • Stolz klein

• Langeweile • Leid bunt • Vertrauen

durstig • Ärger schnell • Ekel • Sorge

3 Schreibe alle Nomen für Gefühle aus **2** mit Artikel auf.

die Freude,

4 Was ist dein Lieblingsgefühl?

Nomen für Gefühle (Aa)

1 Verbinde.

| Langeweile | Wut | Freude | Angst |

2 Finde in den beiden Wörterschlangen je zwei weitere Nomen für Gefühle.
Schreibe sie mit dem Artikel zu dem passenden Adjektiv.

SCHLANGEIGELGIRAFFEHASENEIDHUNDBIENEVORSICHT

KATZEBIBEREKELAMSELADLERELEFANTSCHWÄCHE

neidisch: _____   vorsichtig: _____

schwach: _____   eklig: _____

3 Schreibe die Nomen für Gefühle aus **2** passend in die Lücken.

Als Kim Lisas neue Sportschuhe sah, wurde sie gelb vor _____ .

Er wollte seine _____ auf keinen Fall zugeben.

Manche Kinder mussten sich vor lauter _____ übergeben.

Bei Gefahr muss man _____ walten lassen.

Adjektive mit ig und lich

1 Lies den Kasten.

> Mit den Wortbausteinen **ig** und **lich** kann ich aus Nomen **Adjektive** bilden.
> die Sonne – sonn**ig**, das Glück – glück**lich**, die Angst – ängst**lich**

2 Verbinde die Nomen mit den passenden Adjektiven.

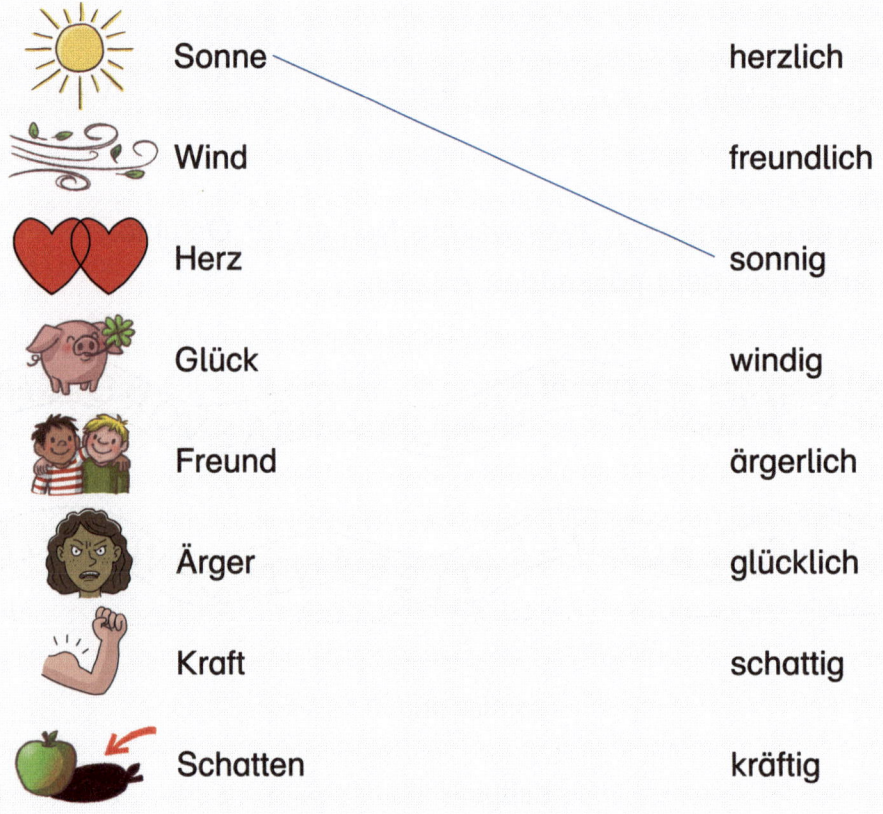

Sonne — herzlich

Wind — freundlich

Herz — sonnig

Glück — windig

Freund — ärgerlich

Ärger — glücklich

Kraft — schattig

Schatten — kräftig

3 Schreibe die Adjektive aus **2** in die Tabelle.

ig	lich
sonnig	

Adjektive mit ig und lich

1 Verbinde. Schreibe die Adjektive passend in die Lücken. 🔍

| der Schreck | das Salz | das Glück | der Wind | der Hunger |

| windig | schrecklich | hungrig | glücklich | salzig |

Die Überfahrt mit der Fähre ist _____ stürmisch.

Der Löwe im Zoo ist sehr _____.

Die frische Brezel schmeckt heute besonders _____.

Über das Geschenk ist sie sehr _____.

Am Strand ist es heute Morgen ziemlich _____.

2 Setze viermal **ig** und viermal **lich** passend ein.

Die Nacht ist sehr unruh[ig]. Der Wind

bläst kräft_____ um die Hausecke. Nun

beginnt es auch noch zu regnen. „Das ist ja

ärger_____!", schimpft der kleine Igel und

trippelt eil_____ zu seinem Versteck unter dem

Holzhaufen. Ein paar Mäuse sind eifr_____ ins Gespräch vertieft. Doch nun

schauen sie sich ängst_____ um. „Es wird gleich richtig ungemüt_____,

geht besser nach Hause!", ruft der Igel den Mäusen zu. Höf_____

verabschieden sie sich voneinander und verschwinden flugs in ihren Mauselöchern.

Adjektive verlängern ↻

1 Lies den Kasten.

> Wenn ich nicht weiß, ob ich ein Wort am Ende mit **b/p**, **d/t** oder **g/k** schreibe,
> verlängere ich das Wort.
> lie**b** – viele lie**b**e Kinder, run**d** – viele run**d**e Kastanien, klu**g** – viele klu**g**e Eulen

2 **d** oder **t**? Ergänze den fehlenden Buchstaben.

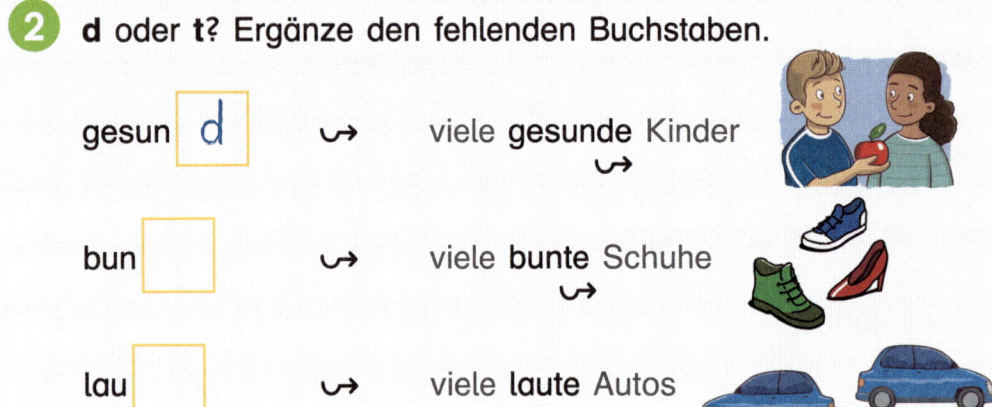

gesun **d** ↪ viele **gesunde** Kinder ↪

bun ☐ ↪ viele **bunte** Schuhe ↪

lau ☐ ↪ viele **laute** Autos ↪

3 **p** oder **b**? Ergänze den fehlenden Buchstaben.

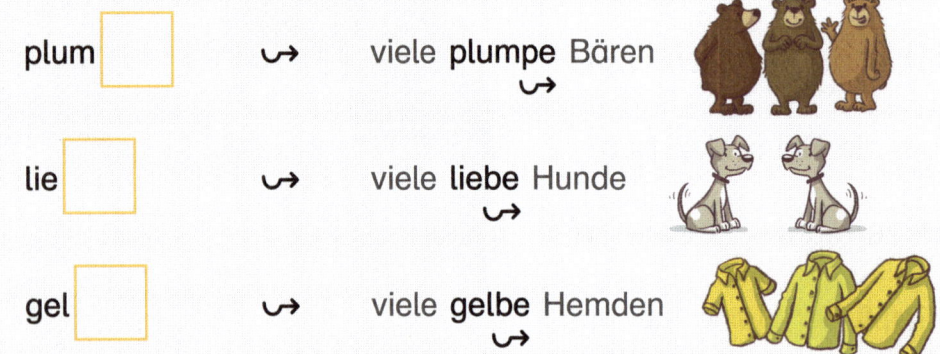

plum ☐ ↪ viele **plumpe** Bären ↪

lie ☐ ↪ viele **liebe** Hunde ↪

gel ☐ ↪ viele **gelbe** Hemden ↪

4 **g** oder **k**? Ergänze den fehlenden Buchstaben.

lan ☐ ↪ viele **lange** Hosen ↪

lusti ☐ ↪ viele **lustige** Clowns ↪

flin ☐ ↪ viele **flinke** Mäuse ↪

Adjektive verlängern ↪

1 **b/p**, **d/t** oder **g/k**? Schreibe die Verlängerung der Adjektive passend.

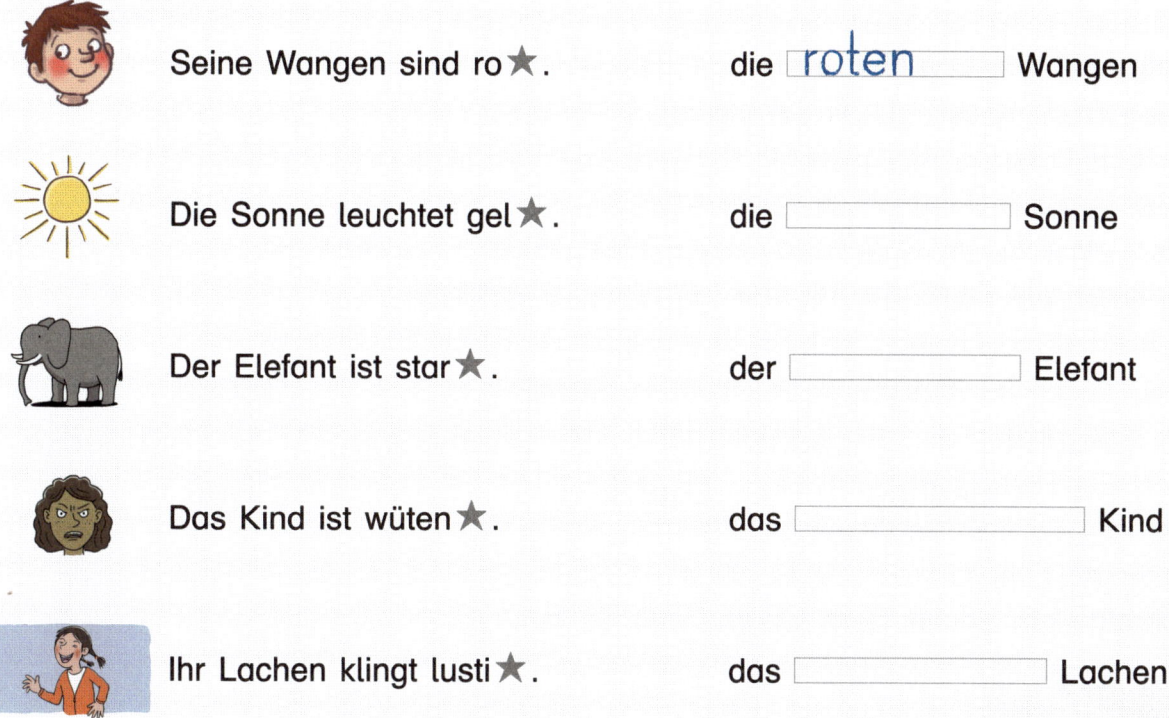

Seine Wangen sind ro ★.　　die | roten | Wangen

Die Sonne leuchtet gel ★.　　die | | Sonne

Der Elefant ist star ★.　　der | | Elefant

Das Kind ist wüten ★.　　das | | Kind

Ihr Lachen klingt lusti ★.　　das | | Lachen

2 Setze **b/p**, **d/t** oder **g/k** richtig ein. Schreibe die Adjektive passend in die Lücken.

strahlen | d |　windi | |　kal | |　kuscheli | |　schatti | |　lie | |　wil | |

Wenn im Sommer die | strahlende |

Sonne am Himmel steht, suchen sich viele

| W | Tiere ein | S |

Plätzchen.

Bei | t | und | W | Herbstwetter halten sie

sich | l | dort auf, wo es wärmer ist. Manche Tiere überwintern

in der | k | Jahreszeit sogar in einer | k | Höhle.

Wörter mit chs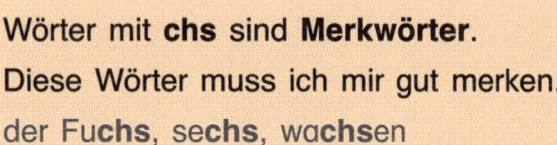

Ich kann hören wie ein Fuchs!

1 Lies den Kasten.

> Wörter mit **chs** sind **Merkwörter**.
> Diese Wörter muss ich mir gut merken.
> der Fu**chs**, se**chs**, wa**chs**en

2 Markiere alle Tiere, die mit **chs** geschrieben werden.

Dachs	Hund	Ochse
Fuchs	Luchs	Schmetterling	Schnecke
Eidechse	Lachs	Hai

3 Schreibe alle sechs Tiere mit **chs** aus **1** auf.

Dachs

4 Ordne die Wörter nach dem Alphabet.

| Füchse | Gewächs | nächste | sechs | Luchse | wachsen |

1 Füchse   2 _____   3 _____

4 _____   5 _____   6 _____

Wörter mit chs Ⓜ

1 Hier sind acht Wörter mit **chs** versteckt. Markiere sie. 🔍

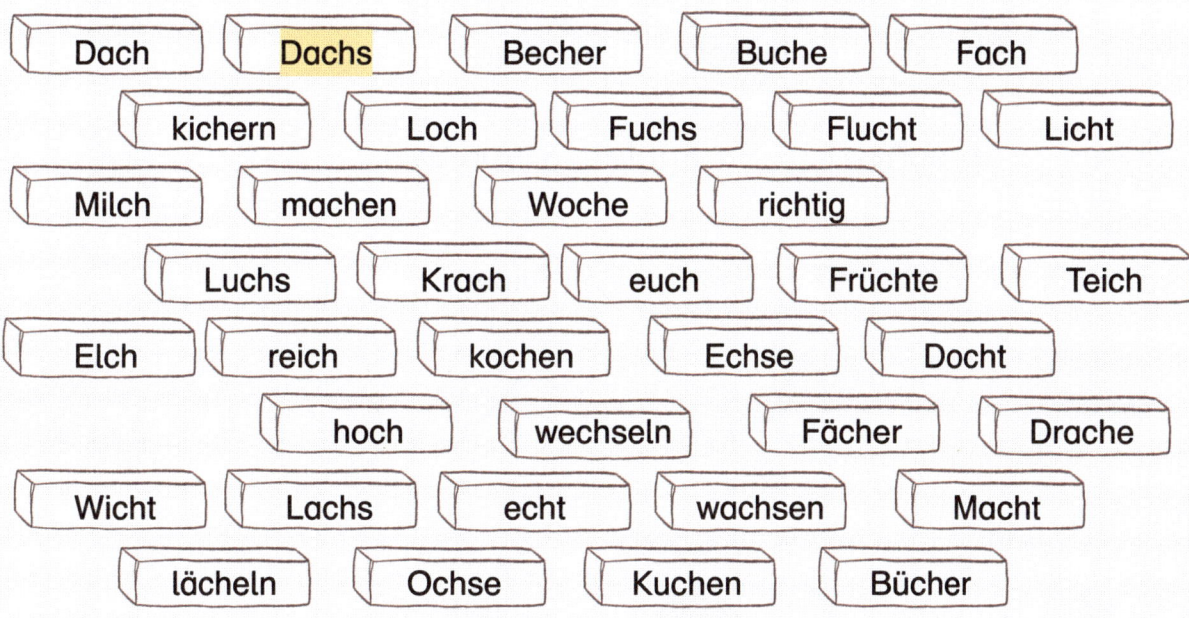

Dach	Dachs	Becher	Buche	Fach
kichern	Loch	Fuchs	Flucht	Licht
Milch	machen	Woche	richtig	
Luchs	Krach	euch	Früchte	Teich
Elch	reich	kochen	Echse	Docht
hoch	wechseln	Fächer	Drache	
Wicht	Lachs	echt	wachsen	Macht
lächeln	Ochse	Kuchen	Bücher	

2 Schreibe die Wörter mit **chs** aus ❶ passend in die Lücken.

Auf dem Weg nach Hause lief ein *Dachs* über die Fahrbahn.

Beim Ausweichen musste das Auto die Fahrspur _____.

Über die Mauer huschte eine flinke _____.

Auf der Weide stand eine massiger _____ neben einer Kuh.

Ein listiger _____ rannte hinter der Gans her.

Fürs Abendessen hatte der Fischer einen _____ gefangen.

Manche Tiere _____ schneller als andere.

Der _____ bewegt sich bei der

Jagd wie eine Katze.

Ich habe Augen wie ein Luchs!

Wörter mit Spr/spr und Str/str

1 Markiere die Wörter mit **Str/str** und **Spr/spr** in unterschiedlichen Farben.

| Straße | Spritze | streiten | springen |

| Striche | sprechen | Strümpfe | sprinten |

> Höre ich scht, schreibe ich St/st.

> Höre ich schp, schreibe ich Sp/sp.

2 Schreibe die Wörter aus **1** zu den richtigen Bildern.

die Straße

3 Markiere in **2** **Spr/spr** und **Str/str**.

4 Setze die Wörter ein.

Milo bekommt eine   Spritze .

Mila geht über die .

Emil und Ela .

Der Junge kann hoch .

5 Markiere in **4** **Spr/spr** und **Str/str**.

Wörter mit Spr/spr und Str/str

1 Immer ein Wort passt nicht. Streiche es durch.

Spreu
sprühen
~~spülen~~
Spruch
Sprung

Strömung
Stolz
Strolch
Streich
Strumpf

streuen
Stroh
strecken
Stapel
Strippe

sprinten
spreizen
sprachlos
sprenkeln
Speck

Strich
streichen
strubbelig
stumpf
Straße

Spritze
spröde
spritzig
Sport
Sprecher

2 Schreibe nur die zusammenpassenden Wörter aus **1** auf.
Markiere alle **Spr/spr** und **Str/str**.

Spreche dir die
Wörter am besten
laut vor.

Spr/spr

Spreu,

Str/str

Satzglieder kennenlernen

1 Lies den Kasten.

Sätze bestehen aus einzelnen Teilen. Diese Teile heißen **Satzglieder**.
Ein Satzglied kann aus einem oder mehreren Wörtern bestehen.
Satzglieder kann ich umstellen.
Die Papageien haben bunte Federn. Haben die Papageien bunte Federn?
Bunte Federn haben die Papageien.

Die Satzglieder kann ich umstellen und neue Sätze und Fragen bilden.

2 Male die Satzglieder an.

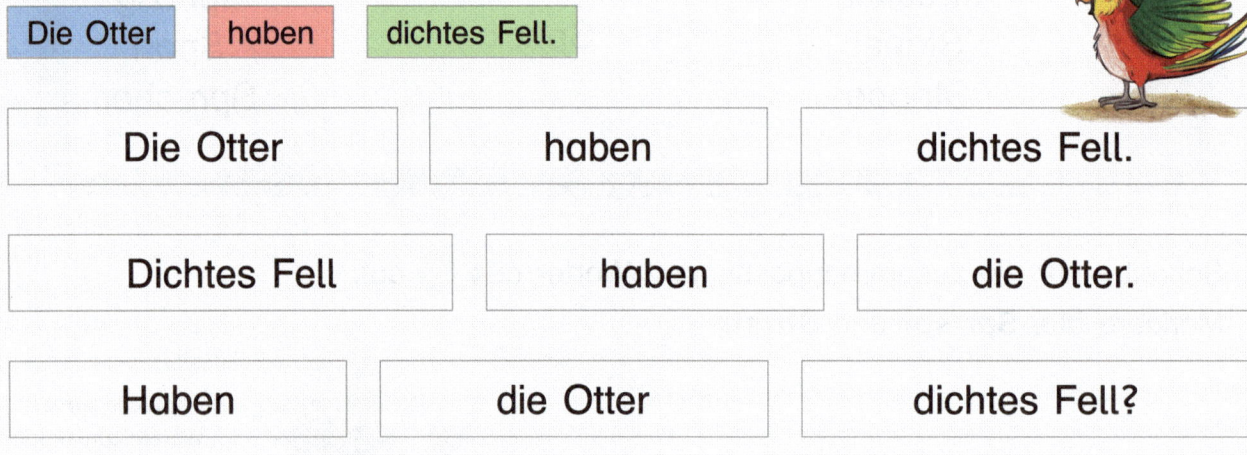

| Die Otter | haben | dichtes Fell. |

| Die Otter | haben | dichtes Fell. |

| Dichtes Fell | haben | die Otter. |

| Haben | die Otter | dichtes Fell? |

3 Trage die Satzglieder richtig ein.
Achte auf die Groß- und Kleinschreibung!

| Die Uhus | haben | große Augen. |

Satzglieder kennenlernen

1 Bilde mit den Satzgliedern pro Zeile jeweils zwei Aussagesätze.
Unterstreiche die Satzglieder passend.

frisst	der hungrige Dachs	die leckeren Pilze
durch die Savanne	ein dicker Elefant	trampelt
die Gazelle	vor dem hungrigen Tiger	flüchtet

Denke an die Großschreibung am Satzanfang und den Punkt am Ende.

Der hungrige Dachs frisst die leckeren Pilze. Die

Deutsch und Englisch vergleichen

1 Manche Wörter sehen im Deutschen und Englischen ähnlich aus. Verbinde.

 Haus	socks
 Socken	mouse
 Maus	fish
 Banane	house
 Nein	milk
 Fisch	yes
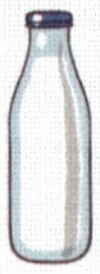 Milch	no
 Ja	banana

> *Auf Englisch werden viele Wörter klein geschrieben.*

2 Schreibe die Wortpaare auf.

Haus – house

Deutsch und Englisch vergleichen

1 Welche Frage passt zu welcher Antwort? Verbinde.

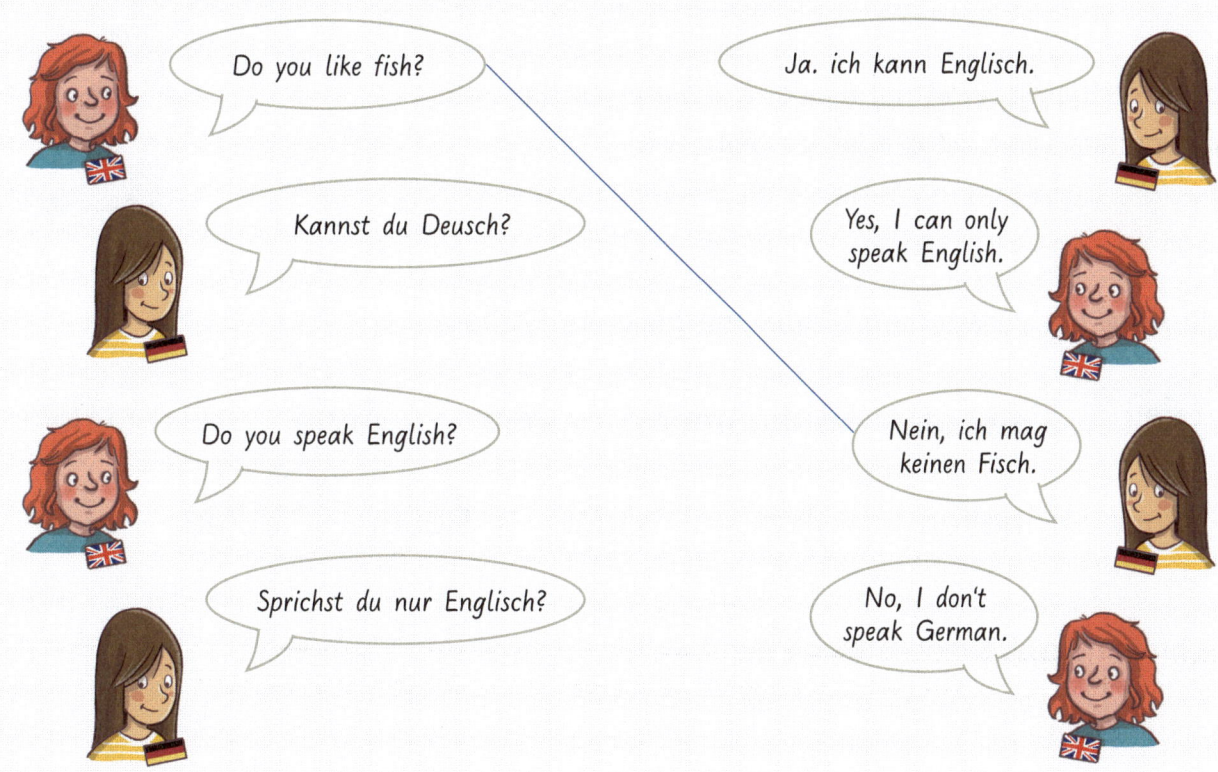

2 Schreibe die Fragen und Antworten auf.

Wörter mit Ä/ä und Äu/äu ableiten ⊕

1 Lies den Kasten.

> Ich schreibe ein Wort mit **ä** oder **äu**, wenn es dazu ein
> verwandtes Wort mit **a** oder **au** gibt.
> die **Ä**ste ⭣ der **A**st, gef**ä**hrlich ⭣ die Gef**a**hr, der K**äu**fer ⭣ k**au**fen

2 Markiere die verwandten Wörter mit gleichen Farben.

hält	stärker	aufräumen	läuft	Ärzte	Gebäude

stark	halten	Arzt	bauen	Raum	laufen

3 Schreibe die Wortpaare aus **2** auf.

hält ⭣ halten

4 Markiere in **3** **ä/a** und **äu/au**.

5 Finde ein verwandtes Wort. Ergänze **äu** oder **ä**.

Ä uglein ⭣ Auge

M ⬜ slein ⭣

K ⬜ tzchen ⭣

L ⬜ mmchen ⭣

⬜ ffchen ⭣

H ⬜ schen ⭣

Wörter mit Ä/ä und Äu/äu ableiten ⚡

1 Kannst du das Wort von einem Wort mit **A/a** ableiten? Dann schreibe es mit **Ä/ä**, wenn nicht, dann schreibe es mit **e** in die passende Lücke.
Achtung! Ein Wort musst du von einem Wort mit **Au/au** ableiten.

K★tzchen   tr★ffen   ★ngstlich   M★schen

W★rter   ★ffchen   ★ng   Z★hnen

Das kleine [_____] hat sich verirrt. Auch das winzige

[_____] weiß nicht mehr, wo es sich befindet. Als sich

die beiden Tierchen [_____], kuscheln sie sich

[_____] aneinander, so [_____] sind

sie. Schließlich beginnen sie sogar so laut mit den [_____]

zu klappern, dass ein [_____] vor Schreck flink das Weite

sucht. Irgendwann kommt der [_____] des Zoos vorbei,

sammelt die beiden Ausreißer wieder ein und bringt sie zurück zu ihren Müttern.

2 Von welchem Wort mit **A/a** hast du die Wörter mit **Ä/ä** in ① jeweils abgeleitet?

Kätzchen kommt von [_____]

[_____]

[_____]

[_____]

[_____]

Wörter mit kurzem i und ie

1 Klingt der i-Laut lang oder kurz? Kreise in unterschiedlichen Farben ein.

> Bei Zwiebel klingt der i-Laut lang.

2 Schreibe die Wörter auf. Markiere **ie**.

die Zwiebel

3 Schreibe die Wörter auf. Markiere **i**.

der Stift

Wörter mit kurzem i und ie

1 Lies die Sätze. Markiere den kurzen **i-Laut** in den Wörtern mit einem Punkt · und
den langen **i-Laut** mit einem Strich – darunter.

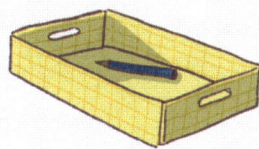

Der Stift liegt in der Kiste.

Die Fliege sitzt auf der Zwiebel.

 Der Riese hat einen Brief geschrieben.

Niemand kann den Beispielsatz richtig abschreiben.

 Die Kinder singen jeden Dienstag zusammen ein Lied.

Das Spinnennetz befindet sich zwischen zwei dicken Ästen.

 Wie viele Kisten stehen im Ziegenstall hinter den Tieren?

2 Schreibe die Wörter aus **1** geordnet auf.

*Denk daran! Manche
Wörter werden nur am Satzanfang
großgeschrieben.*

i: _____

_____

_____

ie: _____

_____

_____

Wörter mit ß

ß steht nur nach einem langen Selbstlaut, Umlaut oder Zwielaut.

1 Markiere **ß** und den langen Selbstlaut, Umlaut oder Zwielaut davor.

Gie**ß**kanne	groß	heiß	stoßen	Fuß

Floß	Süßigkeiten	schießen	Schweiß	grüßen

außerdem	Straße	draußen	weiß	heißen

2 Schreibe alle Wörter aus **1** auf.

Gie**ß**kanne,

_____

_____

_____

3 Setze die Wörter ein.

Milo holt eine  _____ .

Mila und Emil mögen  _____ .

Ela ist  _____ .

Naomi und Milo  _____ aneinander.

4 Markiere in **3** **ß**.

Wörter mit ß

1 Schreibe die Wörter passend zu jedem Wortstamm. Markiere das **ß**.

~~stoßen~~	Süßigkeiten	Zusammenstoß	vergrößern	zuckersüß
großschreiben	Süßwasser	Strafstoß	Körpergröße	Vorstoß
versüßen	größtenteils	abstoßen	sauersüß	riesengroß

stoß stoßen,

süß

groß

2 Schreibe jeweils ein Wort mit **ß** aus derselben Wortfamilie. Die Bilder helfen dir.

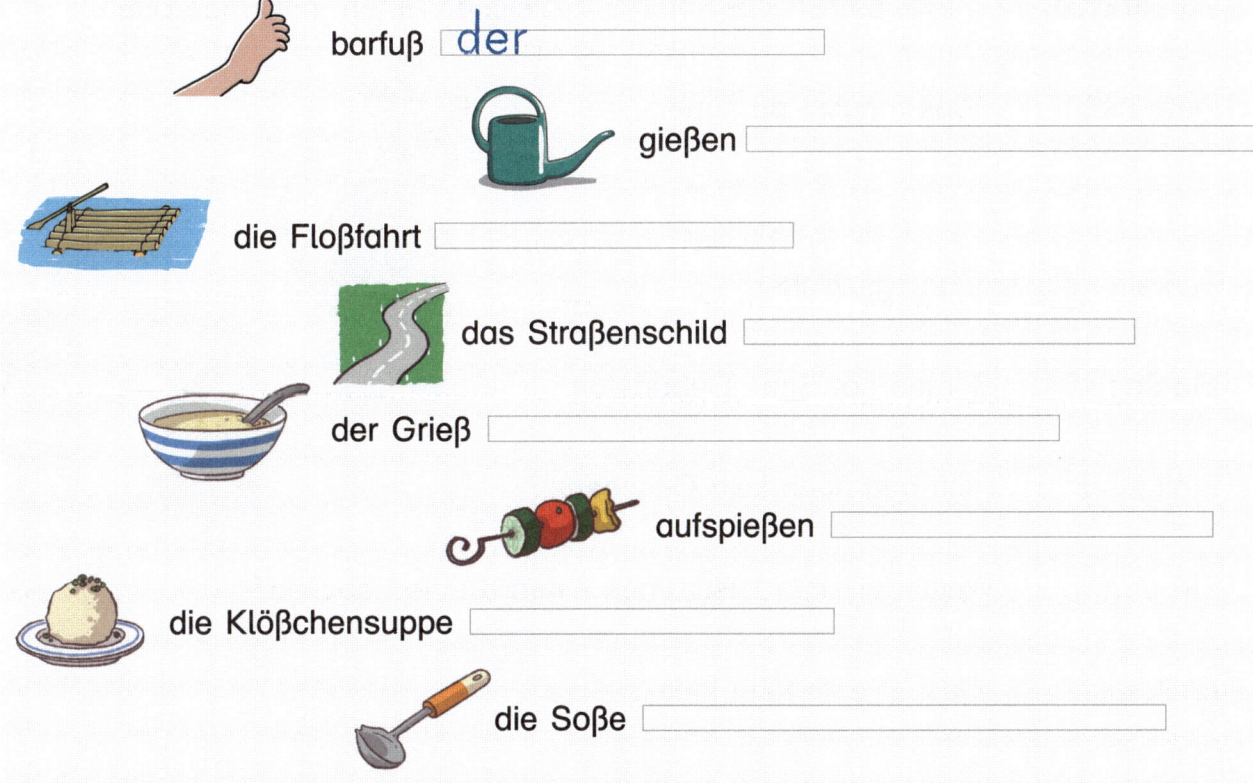

barfuß der

gießen

die Floßfahrt

das Straßenschild

der Grieß

aufspießen

die Klößchensuppe

die Soße

Wörtliche Rede

1 Lies den Kasten.

> **Wörtliche Rede** nennt man, was gesprochen wird. Die wörtliche Rede steht in **Redezeichen**.
> „Weißt du, was ein Sketch ist?"

2 Markiere die Redezeichen.

Ela ruft: „Die Aufführung war richtig toll."

Mila sagt: „Ja, ich fand es auch super."

Lina fragt: „Was habt ihr denn aufgeführt?"

Emil antwortet: „Wir haben einen Sketch vorgespielt, gesungen und getanzt."

Ein Sketch ist ein Witz, der vorgespielt wird.

3 Übe die Anführungszeichen zu schreiben.

Olli krächzt: ☐ Erst stehen die Anführungszeichen unten, am Ende oben. ☐

Fiete bellt: ☐ Das machst du super. ☐

4 Schreibe die Anführungszeichen.

Ela sagt: „ Morgen hat Sami Geburtstag. "

Emil klagt: ☐ Ich hab noch kein Geschenk. ☐

Ela fragt: ☐ Wollen wir ihm zusammen einen Kuchen backen? ☐

Emil sagt: ☐ Das ist eine tolle Idee. ☐

Wörtliche Rede

1 Wer sagt was zu dem Geburtstagskind?
Schreibe die wörtlichen Reden mit Anführungszeichen.

Ich wünsche dir alles Gute zu deinem Geburtstag.

Herzlichen Glückwunsch zum Geburtstag, lieber Sami.

Lieber Sami, hab immer Sonne im Herzen!

Ich wünsche dir einen tollen Tag.

Lass dich heute feiern und verwöhnen!

Mila sagt: „Herzlichen

Milo sagt ebenfalls:

Naomi ruft:

Ela fügt hinzu:

Emil wünscht:

Redebegleitsätze

1 Lies den Kasten.

> Der **Redebegleitsatz** zeigt an, wer spricht.
> Nach dem Redebegleitsatz steht ein **Doppelpunkt**.
>
> **Ela sagt:** „Jetzt haben wir alles."
> └─Redebegleitsatz─┘ └──────Wörtliche Rede──────┘

2 Lies.

3 Markiere den Redebegleitsatz und den Doppelpunkt.

Ela erzählt: „Gestern waren Naomi und ich in der Oper."

Emil fragt: „Was habt ihr euch angesehen?"

Naomi antwortet: „Eine Oper über einen Drachen."

Sami sagt: „Ich war noch nie in der Oper."

Olli krächzt: „Eine Oper ist ein Theaterstück mit Gesang."

4 Wer erklärt, was eine Oper ist?

_____ erklärt den Kindern, was eine Oper ist.

Redebegleitsätze

1 Markiere alle Verben aus dem Wortfeld **sagen**.

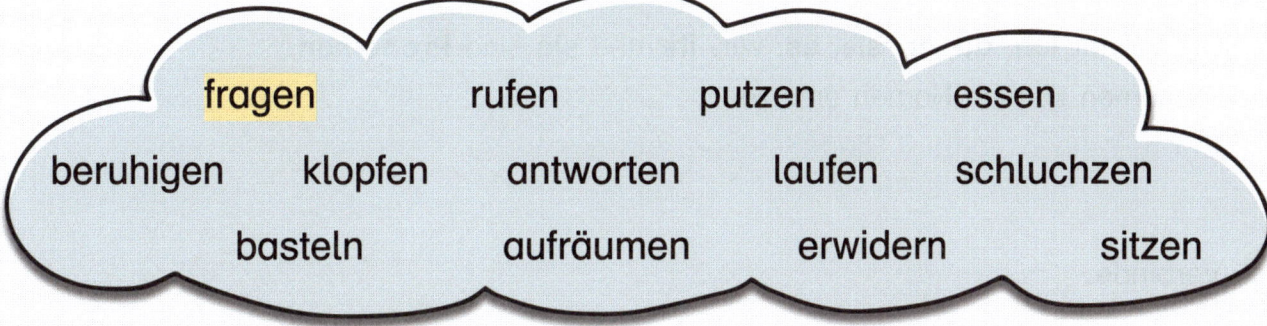

fragen   rufen   putzen   essen

beruhigen   klopfen   antworten   laufen   schluchzen

basteln   aufräumen   erwidern   sitzen

2 Setze die Verben aus dem Wortfeld **sagen** passend in den Text ein.

Nach der erfolgreichen Aufführung auf der Seebühne beim Bootshaus,

warten einige Kinder darauf, von dort abgeholt zu werden. Ein Mädchen

fragt Ela: „Meinst du, dass ich bei

euch mitfahren kann?" Ela _____:

„Aber klar! Meine Oma kommt bestimmt gleich."

Dann _____ sie Mila zu, die noch

beim Bootshaus herumsteht: „Mila, beeil dich,

meine Oma holt uns gleich ab!" Doch Mila

_____: „Nein, ich werde nun doch von meinem Vater abgeholt."

Ein Kind steht weinend herum und _____: „Ich glaube, meine

große Schwester hat vergessen, mich abzuholen." Ela _____

sie: „Mach dir keine Sorgen, du kannst auch mit uns mitfahren."

Pronomen kennenlernen

1 Lies den Kasten.

> Die Wörter **ich**, **du**, **er**, **sie**, **es**, **wir**, **ihr** und **sie** sind **Pronomen**.
> Pronomen können Nomen ersetzen.
> **Ela** hält einen Vortrag. **Sie** hält einen Vortrag.

2 Verbinde.

| ich | du | sie | er |

| wir | es | ihr | sie |

3 Markiere alle Pronomen.

Ela geht in den Pferdestall. **Sie** reitet gerne.

Das Pferd steht auf der Koppel. **Es** frisst gerne Gras.

Sami macht einen Kuchenteig. **Er** backt gerne.

Mila und Emil gehen zum See. **Sie** baden gerne.

4 Schreibe die Pronomen aus **3** zu den Bildern.

| Ela | Pferd | Sami | Mila und Emil |

sie

Pronomen kennenlernen

1 Welche Wortgruppen passen zu den Pronomen? Schreibe sie auf.

ich und meine Tante	die Klavierlehrerin	die Schulhefte
du und dein Freund	der Hausmeister	das Meerschweinchen

er _____

sie _____

es _____

wir _____

ihr _____

sie _____

Ich kann wunderschön singen!

2 Lies die Sätze. Unterstreiche die Nomen am Satzanfang.
Ersetze die Nomen durch Pronomen und schreibe die Sätze auf.

<u>Der Bär</u> brummt ärgerlich. Er brummt ärgerlich. .

Das Ferkel quiekt ängstlich. _____ .

Die Katze schleckt die Milch. _____ .

Der Igel rollt sich zusammen. _____ .

Die Pferde wiehern laut. _____ .

Die Schlange kriecht vorbei. _____ .

Die Gazellen rennen davon. _____ .

Verben mit Vorsilben

1 Markiere die Vorsilben.

| einpacken | auspacken | aufbauen | abbauen | hinfahren |

| vorsingen | versingen | beschreiben | anschreiben | umfahren |

2 Schreibe.

Vorsilben sind Wortbausteine.

auf

ein   ziehen

an

| | |

ver

vor   laufen

um

| | |

3 Schreibe die Verben zu den richtigen Bildern.

| einschütten | verschütten | ausschütten |

Verben mit Vorsilben

1 Was machen die Kinder? Markiere die Vorsilbe und schreibe das Verb auf.

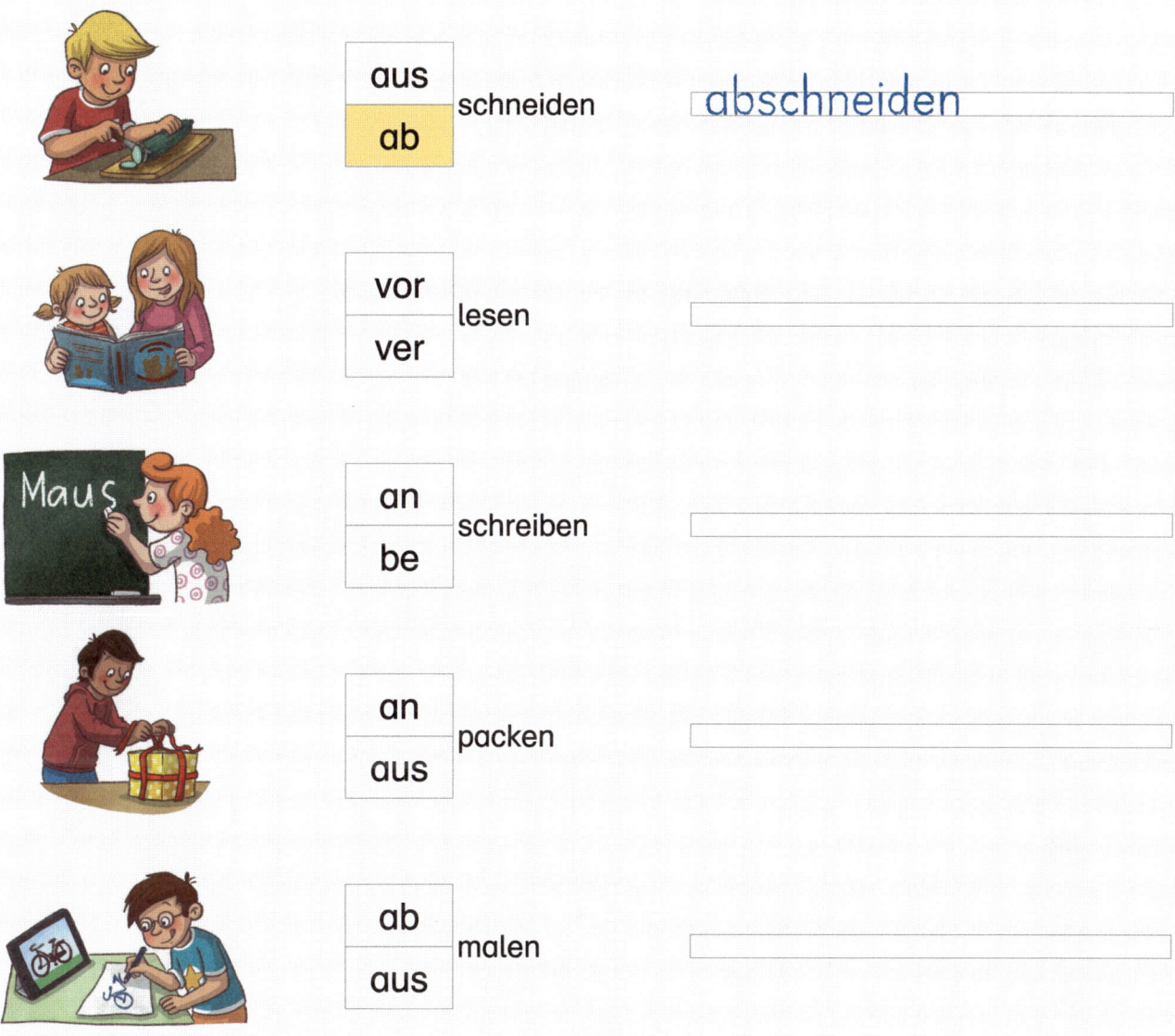

| aus / **ab** | schneiden | *abschneiden* |

| vor / ver | lesen | |

| an / be | schreiben | |

| an / aus | packen | |

| ab / aus | malen | |

2 Sctze die Verben aus **1** passend ein.

Sami darf heute sein Geburtstagsgeschenk _____ .

Käte freut sich, wenn sie ihrer Schwester _____ darf.

Naomi soll einen Satz _____ .

Milo muss das Fahrrad _____ , bevor er fernsehen darf.

Emil soll für den Salat Gurkenscheiben _____ .

Verben verlängern ⤻

1 Lies den Kasten.

> Wenn ich nicht weiß, ob ich ein Wort mit **b/p** oder **g/k** schreibe, verlängere ich das Wort. Bei **Verben** suche ich die **Grundform**.
> sie sa**g**t ⤻ sa**g**en, sie trin**k**t ⤻ trin**k**en, er lie**b**t ⤻ lie**b**en

2 **g** oder **k**? **b** oder **g**? Ergänze den fehlenden Buchstaben.

sie sa g t ⤻ sagen

er trin ☐ t ⤻ trinken

sie fra ☐ t ⤻ fragen

es len ☐ t ⤻ lenken

er schrei b t ⤻ schreiben

sie kle ☐ t ⤻ kleben

sie hu ☐ t ⤻ hupen

er pie ☐ t ⤻ piepen

Kleiner Tipp: Sprich dir die Wörter am besten laut vor.

3 Schreibe die Verben aus **2** auf.

sie sagt – sagen,

er schreibt – schreiben,

Verben verlängern ↩

1 Schreibe die Grundform des Verbs. Ergänze den fehlenden Buchstaben am Wortstammende.

sie schrei **b** t   *schreiben*   er wie [ ] t [_____]

ihr sa [ ] t [_____]   sie ü [ ] t [_____]

er hu [ ] t [_____]   er lü [ ] t [_____]

er erlau [ ] t [_____]   ihr lo [ ] t [_____]

sie par [ ] t [_____]   sie flie [ ] t [_____]

2 Setze die Verben passend ein. Markiere **b/p** und **g/k** am Wortstammende.

fra ★ en   lie ★ en   pfle ★ en   schie ★ en

ge ★ en   pum ★ en   pie ★ sen   strei ★ en

Die Lehrerin *fragt* [_____] die Klasse nach den Hausaufgaben.

Milo [_____] die Reifen seines Fahrrads auf.

Naomi [_____] den Rollstuhl ihrer Freundin die Rampe hinauf.

Die Ärztin [_____] Emil beim Impfen in den Oberarm.

Papa [_____] seinen kranken Bruder seit vielen Jahren.

Sie [_____] ihre kleine Schwester heiß und innig.

Ela [_____] Mila ihre Hausaufgaben zum Vergleichen.

Eine Frau [_____] mit vielen anderen für höheren Lohn.

Merkwörter mit V/v Ⓜ

1 Klingt **V/v** wie in Vogel ? Dann markiere es in einer Farbe.
Klingt **V/v** wie in Vase ? Markiere es in einer anderen Farbe.

Vampir	Veilchen	Vulkan	von

Vollmond	viel	Vanille	Verb

2 Schreibe die Wörter aus **1** in die Tabelle.

V/v | V/v

Vampir

3 Schreibe die Wörter zu den passenden Bildern.

Vanille	Vollkornbrot	Volleyball	Vitrine

Vanille

Merkwörter mit V/v

1 Lies den Text. Markiere alle Wörter mit **V/v**.

Auf dem Rückweg vom Kindergarten kommen Leni und ihr großer Bruder Vinzent beim Eiswagen vorbei. „Ich möchte ein Vanilleeis!", schreit Leni und zieht ihren Bruder zum Eiswagen. In dessen Vitrine reihen sich viele Behälter voller verschiedener Eissorten. Das Kind zeigt auf das schneeweiße Eis in der Mitte: „Das da will ich!" „Das ist Vollmilcheis", sagt der Eisverkäufer. „Mit vielen Vitaminen?", fragt Lenis Bruder. „Ja", antwortet der Verkäufer. „Aber auch die Sorten Vergissmeinnicht und Veilchen in der Reihe davor sind sehr lecker", fügt er hinzu und zeigt auf das hellblaue und das violette Eis ganz vorne in der Auslage. „Entscheide dich, ich muss noch zum Volleyballtraining!" Lenis Bruder wird langsam nervös. Doch Leni bleibt bei ihrem ursprünglichen Wunsch: „Eine Kugel Vanilleeis mit Sahne, bitte."

2 Klingt das **V/v** wie in **Vogel** oder wie in **Vase**? Schreibe die Wörter aus **1** passend auf.

vorbei,

Vinzent,

Gegenwart und Vergangenheit

1 Lies den Kasten.

> **Verben** sagen, in welcher Zeit etwas passiert. Das Präsens (die Gegenwart) benutze ich, wenn etwas jetzt passiert. Das Präteritum benutze ich, wenn ich über Ereignisse in der Vergangenheit schreibe.
>
> Ich **spiele** gern Fußball. – Früher **spielte** ich gern mit Bauklötzen.

2 Setze das passende Verb ein.

| ~~spielte~~ | hörte | backte | malte | hatte |

Heute **spiele** ich gerne Fußball.   Früher spielte ich gerne mit Bauklötzen.

Heute **male** ich gerne Tiere.   Früher _____ ich Striche.

Heute **höre** ich gerne Popmusik.   Früher _____ ich gerne Kinderlieder.

Heute **backe** ich gerne Schokokuchen.   Früher _____ ich Sandkuchen.

Heute **habe** ich lange Haare.   Früher _____ ich kurze Haare.

Gegenwart und Vergangenheit

1 Jeweils drei Kärtchen passen zusammen. Schreibe die Verbformen passend. 🔍

ich spiele	erzählen	sie kaufte	wir passten

sie lachen	~~spielen~~	ihr hörtet

du erzähltest	lachen	ich spielte	sie kauft

wir passen	du erzählst	hören

sie lachten	passen	kaufen	ihr hört

Grundform	**Gegenwart**	**Vergangenheit**
spielen		

2 Setze die Verbformen passend ein.

gibt	waschen	~~lesen~~	wuschen	lasen	gab

Heute __lesen__ viele Leute die neuesten Nachrichten auf dem Tablet.

Früher _____ die meisten Leute die Zeitung.

Heute _____ wir die Wäsche in der Waschmaschine.

Früher _____ wir die Wäsche im Waschtrog.

Heute _____ es für fast alle Arbeiten Maschinen.

Früher _____ es kaum Maschinen, die die Arbeit erleichterten.

Wörter mit ck

1 Schreibe die Wörter zu den passenden Bildern.

| Socken | Rücken | Jacke | Deckel |

Socken

2 Markiere in ① **ck** und den kurzen Selbstlaut davor.

ck folgt nur nach einem kurzen Selbstlaut.

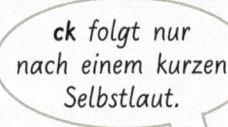

3 Immer ein Wort passt nicht. Streiche es durch.

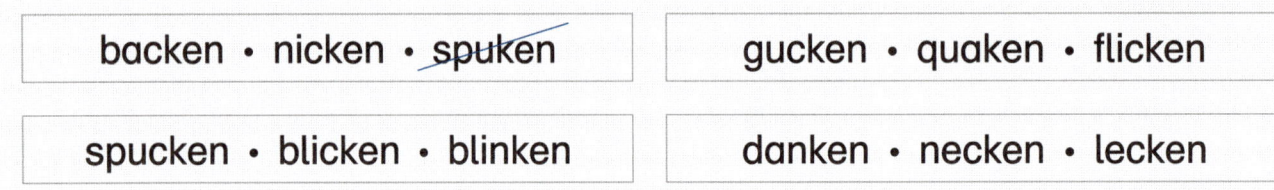

backen · nicken · spuken

gucken · quaken · flicken

spucken · blicken · blinken

danken · necken · lecken

4 Schreibe aus ③ nur die Wörter mit **ck** ab.

backen,

5 Markiere in ④ **ck** und den kurzen Selbstlaut davor.

Wörter mit ck

1 Bilde Wörter mit **ck** und **k**. Schreibe sie auf. Markiere die kurzen und langen Selbstlaute mit · oder —.

L					
Kr					
Or	**ak**	en	e	el	eln
kr					
H					

Laken,

schl				
Z				
sp	**uck**	en	er	eln
Dr				
n				

schlucken,

Z				
W				
schm	**eck**	e	er	en	ig
l				
dr				

Sch					
p					
Rab	**auk**	el	en	e	ler	eln
G					
sch					

Wörter mit tz

1 Schreibe die Wörter zu den passenden Bildern.

| ~~Schatz~~ | Mütze | Blitz | Spritze |

Schatz

2 Markiere in **1** **tz** und den kurzen Selbstlaut davor.

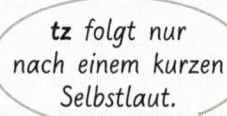
tz folgt nur nach einem kurzen Selbstlaut.

3 Immer ein Wort passt nicht. Streiche es durch.

| witzig · schmutzig · ~~geizig~~ | ankreuzen · setzen · nutzen |
| spazieren · kitzeln · witzeln | kratzig · winzig · putzig |

4 Schreibe aus **3** nur die Wörter mit **tz** ab.

witzig,

5 Markiere in **4** **tz** und den kurzen Selbstlaut davor.

Wörter mit tz

1 Finde alle Wörter mit dem gleichen Wortstamm und schreibe sie passend auf.
Markiere die kurzen und langen Selbstlaute davor mit · oder –.

kratzig   Heizung   schützen   witzig   anschnauzen

verschmutzen   Kratzbürste   Spaziergang

kratzen   Schnauze   ankreuzen   schmutzig   Witzbuch

Schutz   spazieren   heizen   Kreuzung

beschmutzt   schutzbedürftig   Heizkissen

witzeln   schnäuzen   Spaziergänger   durchkreuzen

Wortfamilien mit **tz**

kra̤tzig,

Wortfamilien mit **z**

He̤izung,

Wörter ordnen und nachschlagen

1 Lies den Kasten.

> Wörter werden nach dem **Alphabet** geordnet: aber, backen, Chor, …
> Wörter mit den gleichen Anfangsbuchstaben ordne ich nach dem zweiten oder
> dritten Buchstaben: **bra**uchen, **Bri**ef, **Bro**t, …

2 Markiere den 2. Buchstaben. Ordne die Wörter nach dem Alphabet.

| Abend | also | | gucken | Geburt |

Abend,

3 Markiere den 3. Buchstaben. Ordne die Wörter nach dem Alphabet.

| Durst | dumm | | Gewitter | gefallen |

4 Schlage die Wörter nach.
Schreibe die Mehrzahl und die Seitenzahl auf.

 der Fisch

der Bus

der Arzt

die Brille

Wörter ordnen und nachschlagen

1 Welches Wort steht in der Wörterliste zuerst? Markiere es, ohne nachzuschlagen.

rund · <mark>ruhig</mark>   Kuss · klug

fragen · Freundin   Mann · Mais

Blitz · Blume   trocken · trotzdem

Moos · Montag   Eimer · Eltern

springen · Sprache · Spinne   groß · gut · grau

2 Prüfe mit Hilfe der Wörterliste nach, ob Deine Lösung in **1** stimmt.

3 Suche die Wörter in der Wörterliste und schreibe die Seitenzahl auf.

steigen ⬜   Haus ⬜   Weg ⬜   Besen ⬜   Ziege ⬜

erklären ⬜   wohnen ⬜   süß ⬜   hoch ⬜   aus ⬜

4 Suche in der Wörterliste zu jeder Verbform
die passende Grundform und schreibe sie auf.

> Verben suche
> ich immer bei der
> Grundform.

es hielt _____   es begann _____

sie bat _____   er rannte _____

er floss _____   sie biss _____

er flog _____   es traf _____

sie riss _____   er erschrak _____

Wörter mit stummem h Ⓜ

1 Ordne die Wörter nach dem Alphabet.

| ~~bohren~~ | Uhr | fährt | Zahn | wohnen | Stuhl |

bohren   f   S

U   w   Z

2 Markiere in **1** das **stumme h**.

> Wörter mit **stummem h** musst du dir gut merken.

3 Schreibe jedes Wort so oft es geht in die Zeile.
Benutze verschiedene Farben.

ihr,

ihm,

ohne,

mehr,

4 Setze die Wörter ein.

Mila hat ein Loch im 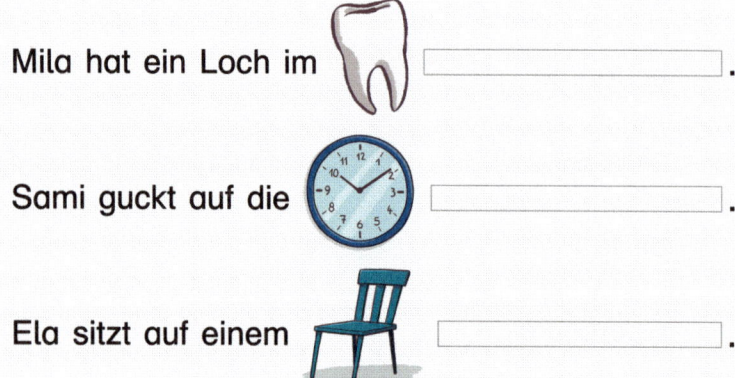 .

Sami guckt auf die .

Ela sitzt auf einem .

Wörter mit stummem h

1 Finde in der Wörterschlange alle Wörter mit **stummem h**. Schreibe sie auf und markiere das **stumme h**.

ZahnfahrenSohnmehrWohnungFehlerfröhlichSahneUhrwährendStuhlbohren

Zahn,

2 Setze fünf Wörter aus **1** passend ein. Markiere das **stumme h**.

Emil hat beim Abendessen einen Zahn verloren.

Glücklicherweise hat er keine Schmerzen. „Morgen

wir trotzdem zum Zahnarzt, damit er prüft, ob alles in Ordnung ist",

kündigt seine Mutter an. Um ihn abzulenken, bittet sie ihren

, ihr beim Abspülen zu helfen. Am nächsten Morgen

sitzt Emil auf dem im

Behandlungszimmer. Der Arzt schaut ihm

in den Mund. „Alles in Ordnung, ich

brauche gar nicht zu ",

stellt er fest. Emil freut sich.

3 Markiere in **2** alle weiteren Wörter mit **stummem h** und schreibe sie auf.

Zahnarzt,

Zusammengesetzte Nomen

1 Lies den Kasten.

Nomen (Substantive) kann ich zusammensetzen. Der Artikel (Begleiter) passt immer zum zweiten Nomen. das Haus + **die** Tür = **die** Haustür,
die Kirsche + **der** Saft = **der** Kirschsaft, das Glück + der Pilz = **der** Glückspilz

2 Aus welchen Nomen sind die Wörter zusammengesetzt? Verbinde.

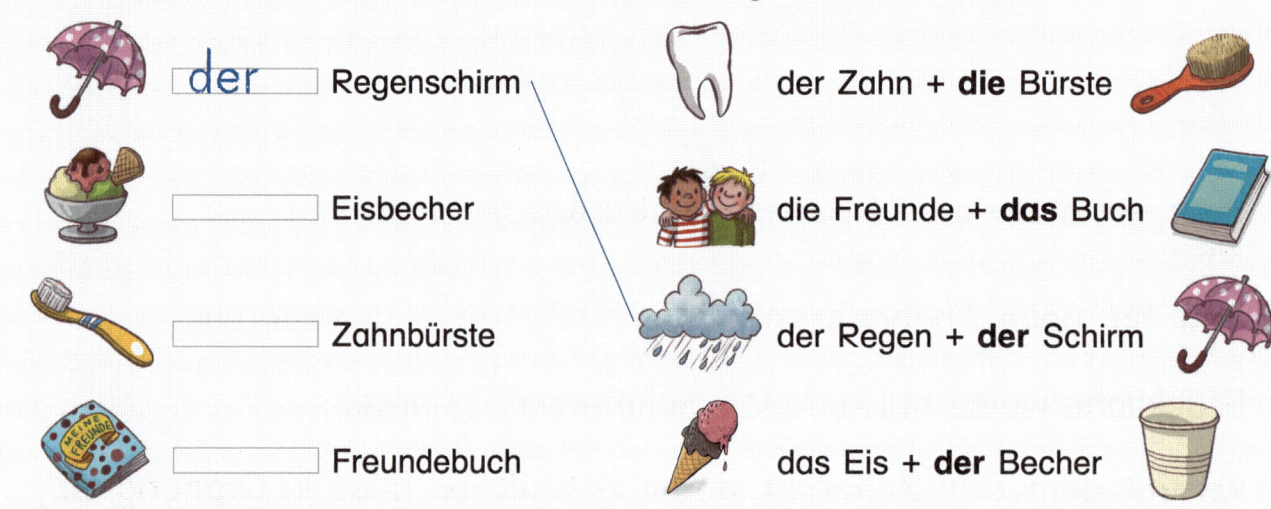

der Regenschirm

Eisbecher

Zahnbürste

Freundebuch

der Zahn + **die** Bürste

die Freunde + **das** Buch

der Regen + **der** Schirm

das Eis + **der** Becher

3 Trage in **2** den passenden Artikel ein.

4 Setze die Nomen zusammen.

 der Apfel + **der** Saft  = der Apfelsaft

 der Müll + **der** Eimer =

 das Obst + **die** Torte  =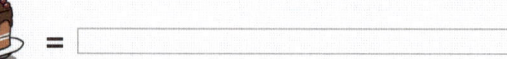

 der Garten + **das** Haus  =

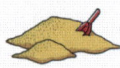 der Sand + **die** Burg  =

Zusammengesetzte Nomen

1 Zerlege die zusammengesetzten Nomen.
Ergänze jeweils auch den Artikel
des zusammengesetzten Nomens.

Manchmal fällt ein Buchstabe weg oder Buchstaben kommen dazu.

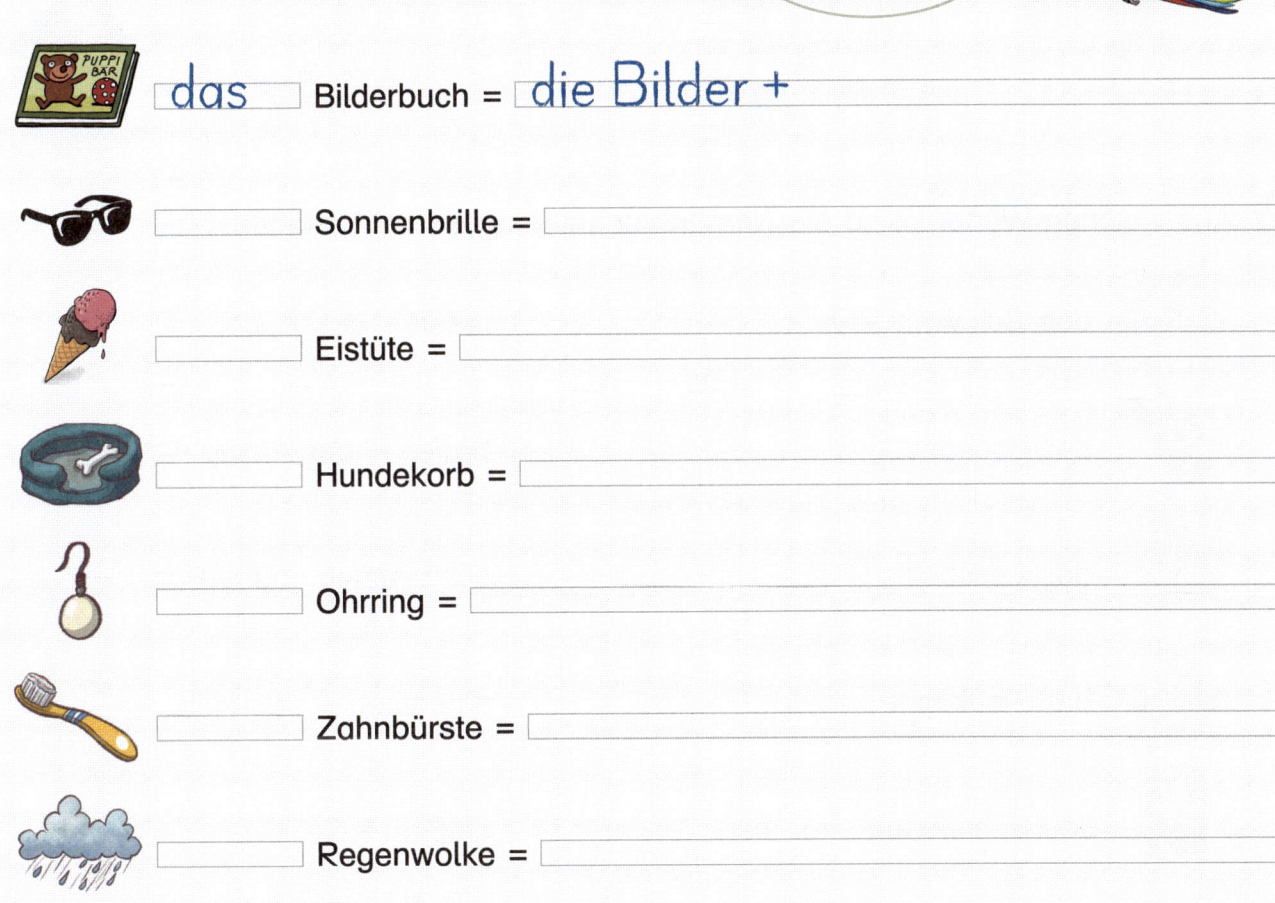

__das__ Bilderbuch = die Bilder + _____

_____ Sonnenbrille = _____

_____ Eistüte = _____

_____ Hundekorb = _____

_____ Ohrring = _____

_____ Zahnbürste = _____

_____ Regenwolke = _____

2 Kreuze die Bilder der Nomen an, mit denen du zusammengesetzte Nomen mit **Bahn** bilden kannst. Schreibe sie mit ihrem Artikel auf.

die Autobahn, _____

_____

_____

Zusammengesetzte Nomen: Verb + Nomen

1 Lies den Kasten.

Nomen (Substantive) kann ich auch mit Verben zusammensetzen.
trinken + die Flasche = die Trinkflasche
schneiden + der Zahn = der Schneidezahn

Beim Verb fallen Buchstaben weg.

2 Aus welchen Wörtern sind die Nomen zusammengesetzt? Verbinde.

 das Schwimmbad

lesen + das Buch

 der Badeanzug

baden + der Anzug

 das Lesebuch

schwimmen + das Bad

 die Gießkanne

schreiben + das Heft

 das Schreibheft

gießen + die Kanne

3 Finde das zusammengesetzte Nomen. Verbinde.

Ein Stuhl, auf dem ich liege.

die Badehose

Eine Hose, mit der ich bade.

der Liegestuhl

Eine Brille, mit der ich lese.

der Spielplatz

Eine Nudel, mit der ich schwimme.

die Lesebrille

Ein Platz, auf dem ich spiele.

die Schwimmnudel

Zusammengesetzte Nomen: Verb + Nomen

1 Unterstreiche alle zusammengesetzten Nomen im Text, die mit dem Verb **baden** gebildet wurden.

Mila und Emil besuchen heute mit Milas Tante Lea das städtische Badeland. Tante Lea hat Mila einen neuen Badeanzug mit einem grünen Dino geschenkt, den Mila heute das erste Mal trägt. Emils blau-rot gestreiften Badeshorts sind noch vom letzten Jahr. Dafür hat er aber die funkelnagelneuen Badelatschen dabei, die ihm sein Opa von seiner Badekur mitgebracht hat. Als die drei aus der Dusche kommen, sehen sie, wie sich ein anderer Badegast eine Badekappe aufsetzt. Die Kinder wundern sich. Tante Lea vermutet: „Sicher möchte er keinen Sonnenbrand auf der Glatze bekommen." Das können die beiden gut verstehen.

2 Zerlege die zusammengesetzten Nomen aus **1**.

Badeland = baden + Land

3 Finde im Text in **1** das aus zwei Nomen zusammengesetzte Nomen und zerlege es ebenfalls.

Mit Adjektiven vergleichen

1 Lies den Kasten.

> Mit **Adjektiven** kann ich vergleichen. Dazu muss ich sie steigern.
> Der Stift ist <u>**klein**</u>. Der Würfel ist <u>**kleiner**</u>. Der Knopf ist <u>**am kleinsten**</u>.
> **Grundform**   **1. Vergleichsstufe**   **2. Vergleichstufe**

2 Setze die Adjektive richtig ein.

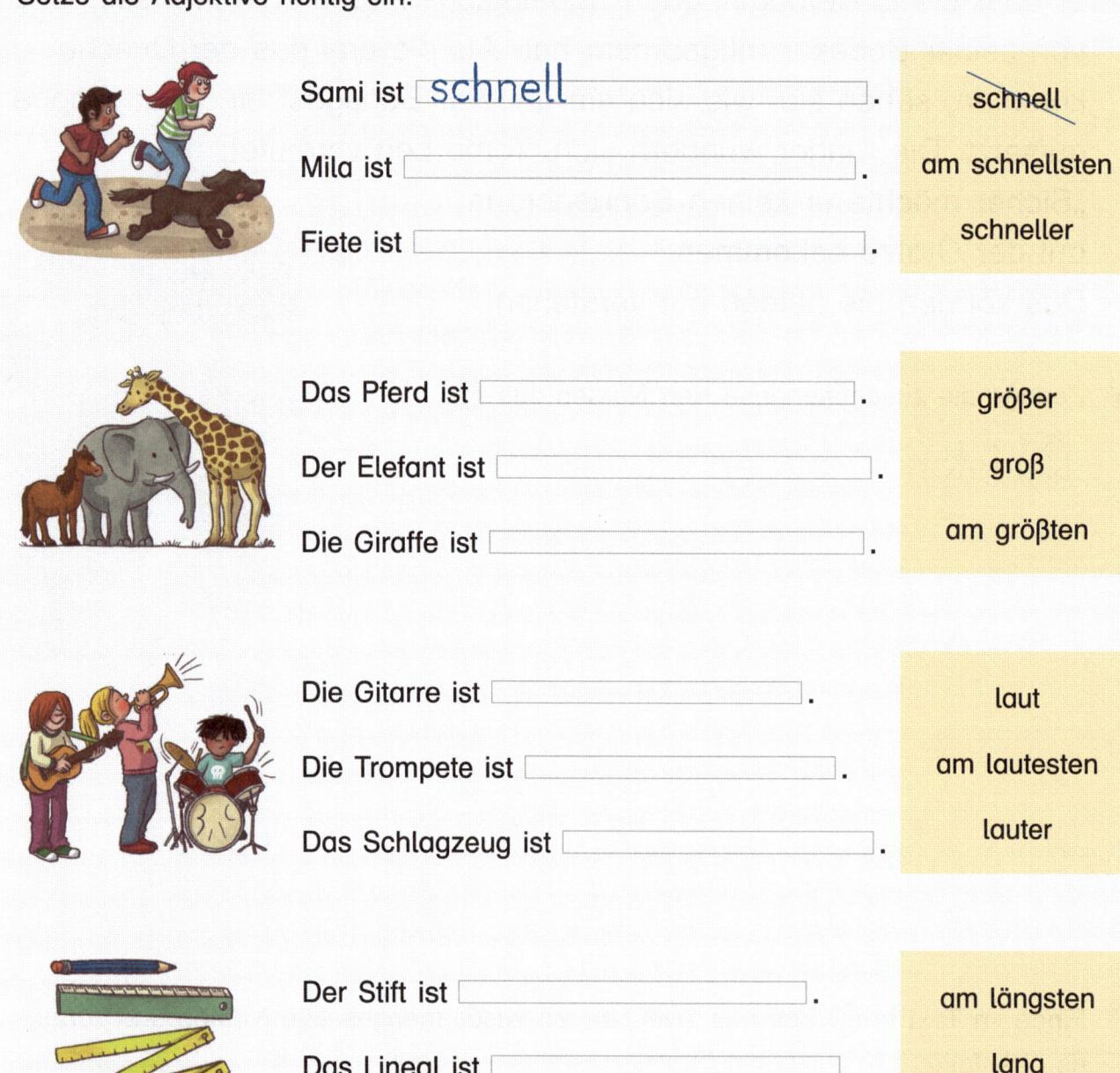

Sami ist <u>schnell</u>.

Mila ist _____.

Fiete ist _____.

> schnell
> am schnellsten
> schneller

Das Pferd ist _____.

Der Elefant ist _____.

Die Giraffe ist _____.

> größer
> groß
> am größten

Die Gitarre ist _____.

Die Trompete ist _____.

Das Schlagzeug ist _____.

> laut
> am lautesten
> lauter

Der Stift ist _____.

Das Lineal ist _____.

Der Zollstock ist _____.

> am längsten
> lang
> länger

Mit Adjektiven vergleichen

1 Verbinde.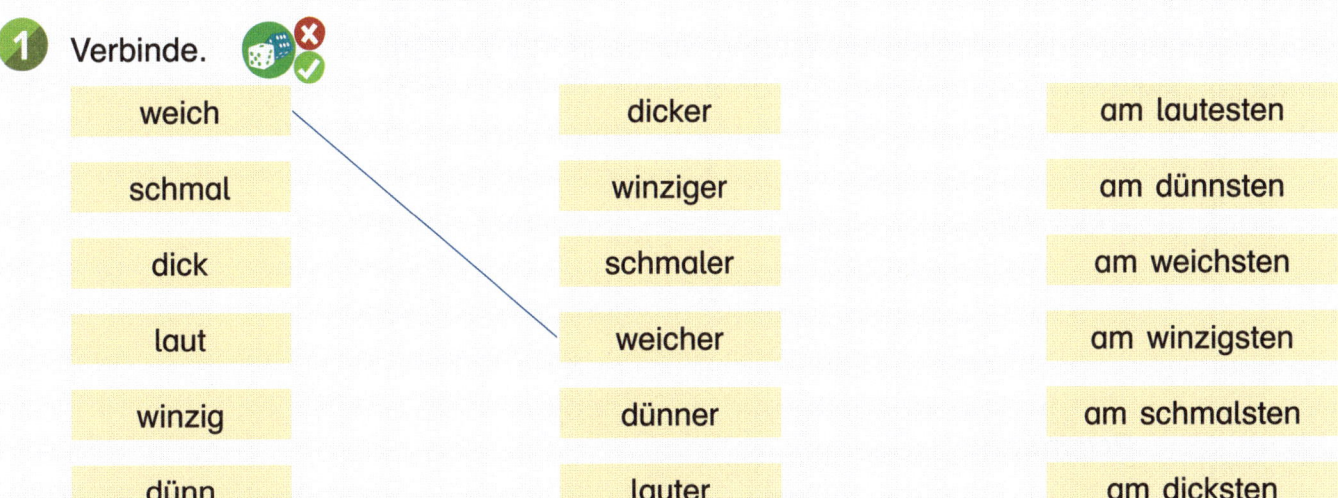

weich		dicker		am lautesten
schmal		winziger		am dünnsten
dick		schmaler		am weichsten
laut		weicher		am winzigsten
winzig		dünner		am schmalsten
dünn		lauter		am dicksten

2 Schreibe die Adjektive aus **1** passend auf.

Das Brot ist _weich_, das Milchbrötchen ist _____,

der Pudding ist _____.

Der Dackel ist _____, das Hängebauchschwein ist

_____, der Elefant ist _____.

Das Radio ist _____, die Kettensäge ist _____,

der Hubschrauber ist _____.

Onkel Harry ist _____, Tante Kathrin ist _____,

ihr Neffe ist _____.

Die Brücke ist _____, der Steg ist _____, das Brett

über dem Bach ist _____.

3 Schreibe mit dem übrig gebliebenen Adjektiv selbst einen Vergleich wie in **2**.

_____

_____

Wörter gezielt nachschlagen

1 Zerlege die Nomen in einzelne Wörter. Suche in der Wörterliste die passende Seitenzahl.

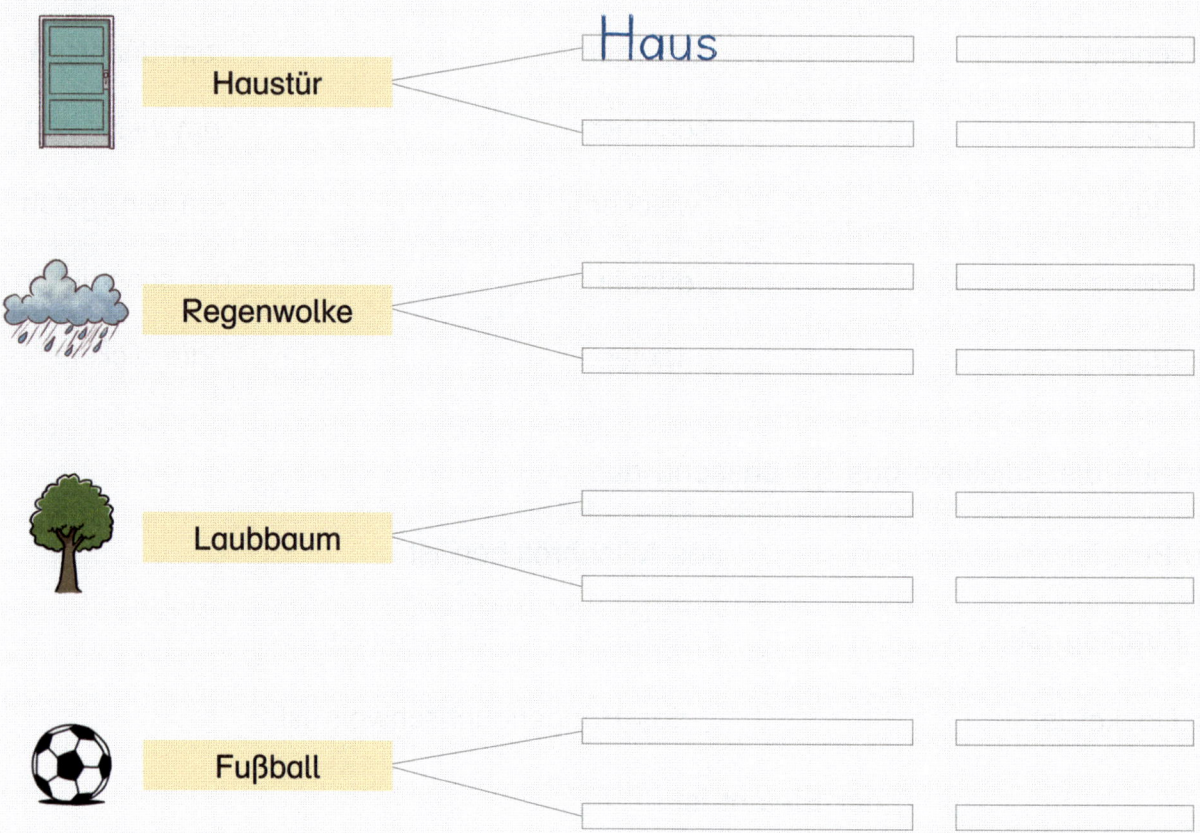

Haustür → Haus

Regenwolke

Laubbaum

Fußball

2 Bilde die Grundform der Verben. Suche in der Wörterliste die passende Seitenzahl.

er kaufte → kaufen → S. 119

sie grüßte →   →

es schmeckt →   →

er badete →   →

sie wohnte →   →

es stimmte →   →

Wörter gezielt nachschlagen

1 In der Wörterliste stehen nicht alle Verben mit vorangestellten Wortbausteinen.
Suche sie ohne ihre Wortbausteine und notiere die Seitenzahl.

aufgeben	→	geben	→	S. 118
ansprechen	→		→	
weglaufen	→		→	
überfahren	→		→	
aufwachsen	→		→	
ausschneiden	→		→	
vorlaufen	→		→	

2 Welche dieser Adjektive findest du unter l in der Wörterliste? Markiere sie.
Schreibe sie mit allen Vergleichsstufen auf.

(lecker)   lächerlich   lahm   laut   locker

lieb   löchrig   leicht   lockig   langsam

lecker –

Strategien anwenden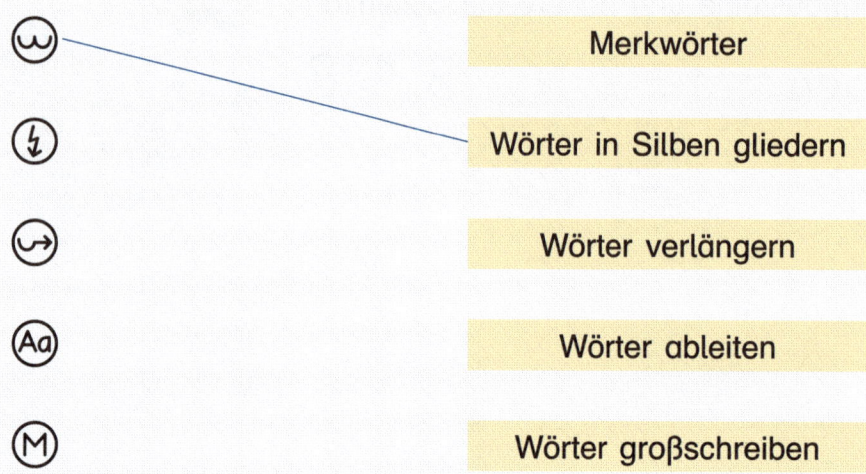

1 Was bedeuten die Zeichen? Verbinde.

ꙮ	Merkwörter
⚡	Wörter in Silben gliedern
↪	Wörter verlängern
Aa	Wörter ableiten
M	Wörter großschreiben

2 Verbessere die Fehler. Die Strategien helfen dir.

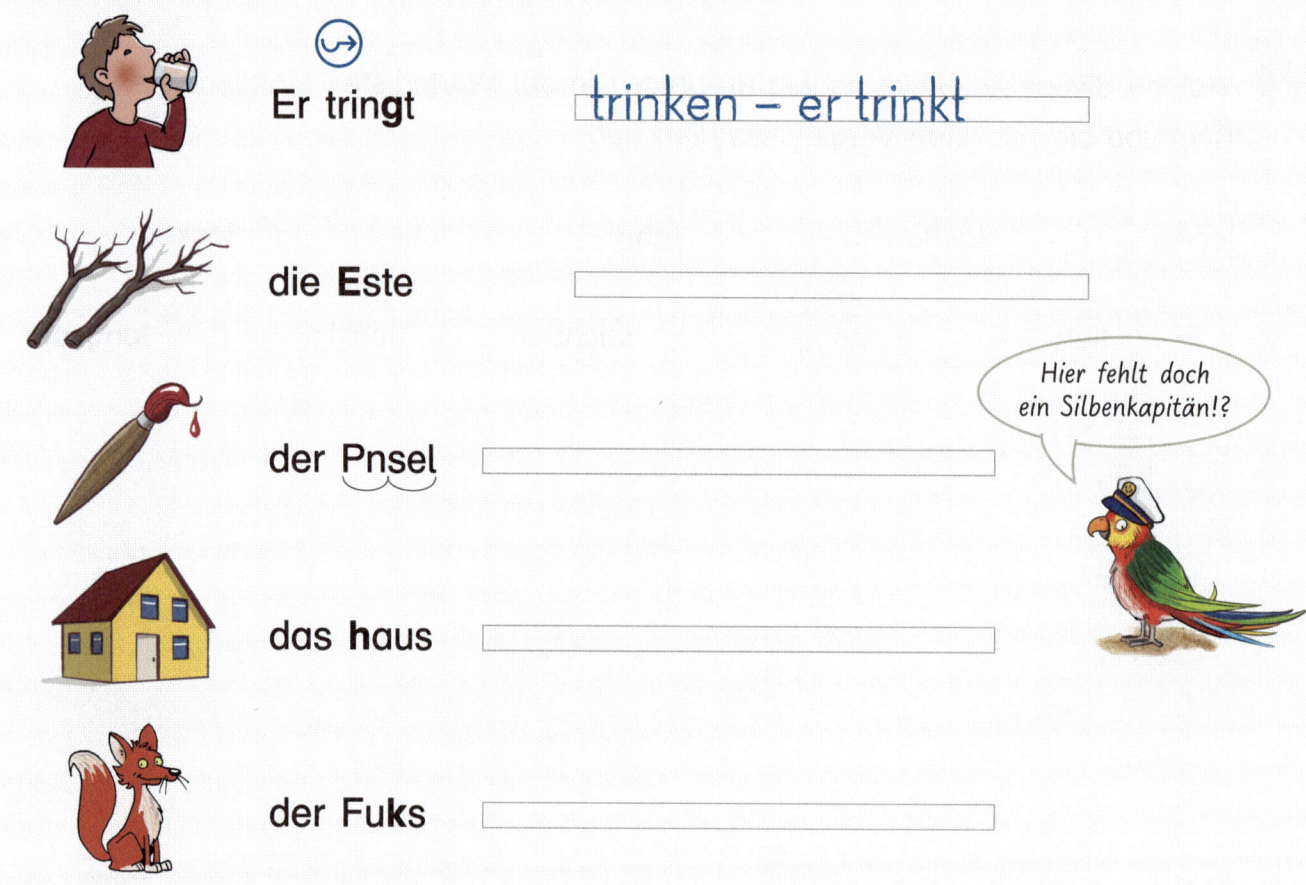

Er trin**g**t   *trinken – er trinkt*

die **E**ste

der P**n**sel   *Hier fehlt doch ein Silbenkapitän!?*

das **h**aus

der Fu**ks**

Strategien anwenden ☺ Ⓐa ⚡ ↪ Ⓜ

1 Schau dir die markierten Stellen in den Wörtern genau an.
Entscheide dann, welche Strategie dir hilft, die Wörter richtig zu schreiben
und schreibe sie zu den passenden Zeichen.

die Wand   der Käse   leben   sie gab   das Haus

kräftig   der Schnee   lustig   der Mantel

lästig   oval   klug   die Räume   der Kopf   der Pinsel

☺ _____

Ⓐa _____

⚡ _____

↪ die Wand, _____

Ⓜ _____

2 Die Wörter sind falsch geschrieben. Schreibe das passende Strategiezeichen
daneben und wende die Strategie an. Markiere deine Korrektur.

haus: Ⓐa Haus _____   kelter: _____

Klawier: _____   Lant: _____

schlafn: _____   mutter: _____

sandik: _____   Maschiene: _____

Reder: _____   Ampl: _____

Das Prädikat

1 Lies den Kasten.

> Das **Prädikat** ist ein Satzglied. Es antwortet auf die Frage „**Was tut**…?"
> **Was tut** der Zauberer? Der Zauberer **zaubert**.

2 Bilde Sätze.

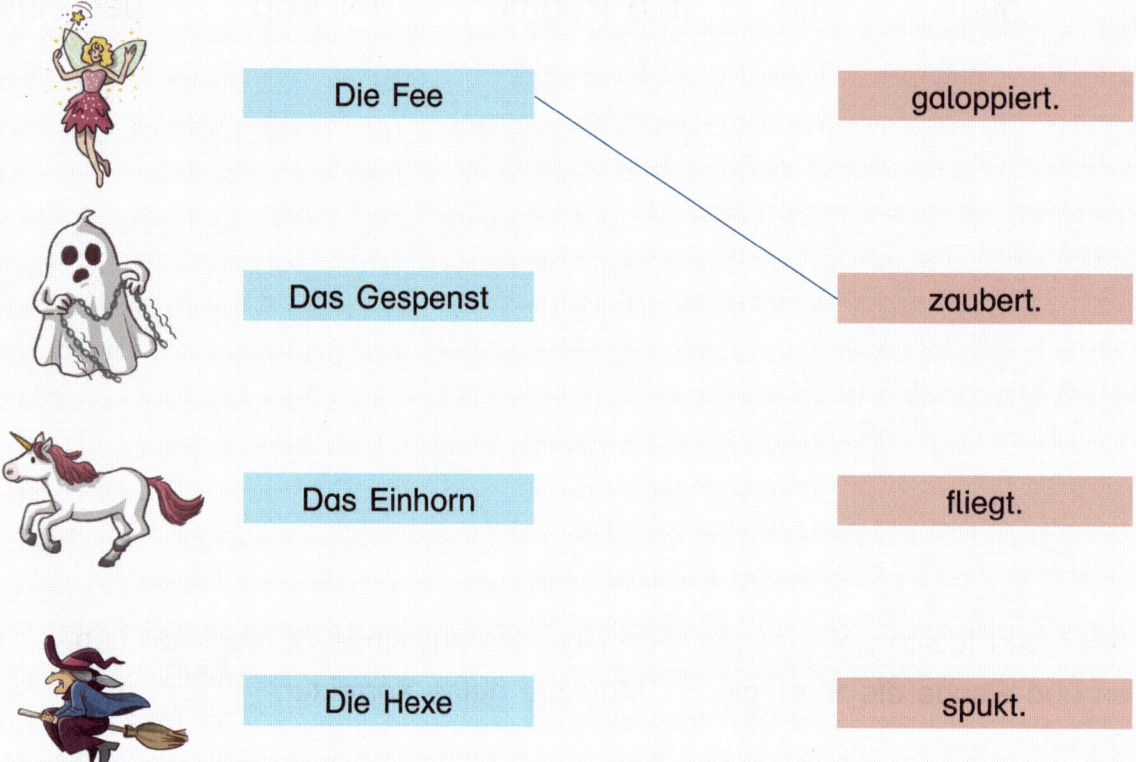

Die Fee	galoppiert.
Das Gespenst	zaubert.
Das Einhorn	fliegt.
Die Hexe	spukt.

3 Sieh dir die Sätze aus **2** an. Beantworte die Fragen.

Was tut die Fee?   Die Fee zaubert.

Was tut das Gespenst?

Was tut das Einhorn?

Was tut die Hexe?

4 Unterstreiche in **3** das Prädikat rot.

Das Prädikat

1 **Was tun** die Märchenfiguren? Markiere in jedem Satz das Prädikat rot.

 *Die Prinzessin* spielt.

Die Großmutter erzählt.

Die Hexe fliegt.

 *Die Seejungfrau träumt.*

Der König sitzt.

 *Drache faucht.*

Die Bremer Stadtmusikanten singen.

Das Rumpelstilzchen tanzt.

2 **Was tun** die Menschen? Ergänze jeweils das Prädikat.

| verteilt | rührt | prüft | verlegt | startet | verhaftet | pflanzt | stützt |

Die Briefträgerin [verteilt] die Post.

Der Krankenpfleger [＿＿＿＿] die Patientin.

Die Pilotin [＿＿＿＿] die Maschinen.

Die Köchin [＿＿＿＿] in dem großen Topf.

Der Gärtner [＿＿＿＿] einen Strauch.

Die Kommissarin [＿＿＿＿] die Verbrecherin.

Der Fliesenleger [＿＿＿＿] die neuen Fliesen.

Die Elektrikerin [＿＿＿＿] den Stromkreis.

Was tue ich?

Das Subjekt

1 Lies den Kasten.

> Das **Subjekt** antwortet auf die Frage „**Wer oder was** tut etwas …?"
> **Der Zwerg** sammelt Beeren im Wald.
> **Wer oder was** sammelt Beeren im Wald? → **Der Zwerg.**

2 Bilde Sätze.

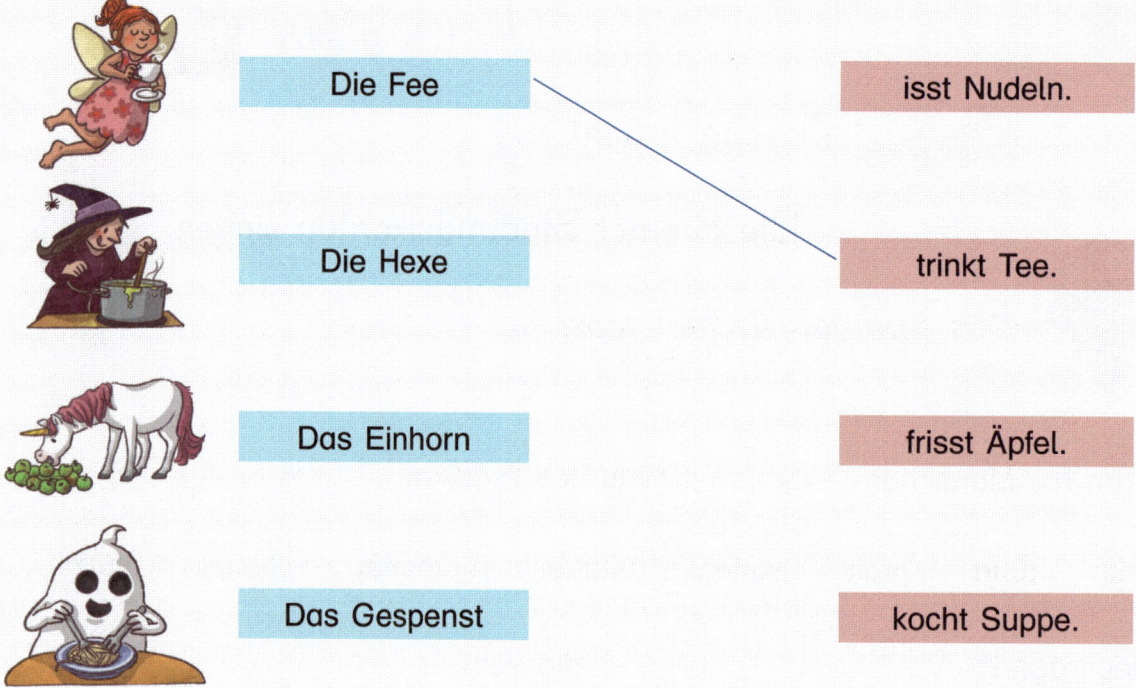

Die Fee	isst Nudeln.
Die Hexe	trinkt Tee.
Das Einhorn	frisst Äpfel.
Das Gespenst	kocht Suppe.

3 Sieh dir die Sätze aus **2** an. Beantworte die Fragen.

Wer oder was trinkt Tee?   _Die Fee trinkt Tee._

Wer oder was isst Nudeln?

Wer oder was kocht Suppe?

Wer oder was frisst Äpfel?

4 Unterstreiche in **3** das Subjekt blau.

Das Subjekt

1 Frage jeweils mit **„Wer oder was . . .?"** nach dem Subjekt. Beantworte die Frage mit dem Subjekt. Markiere dann das Subjekt blau.

Das Kind liest ein Buch.

Wer oder was liest ein Buch? – Das Kind.

Das Buch ist spannend.

Im Buch kommt ein Drache vor.

Der Drache speit Feuer.

Vor dem Feuer läuft der Prinz davon.

In der Hitze verglüht sein zurückgelassenes Schwert.

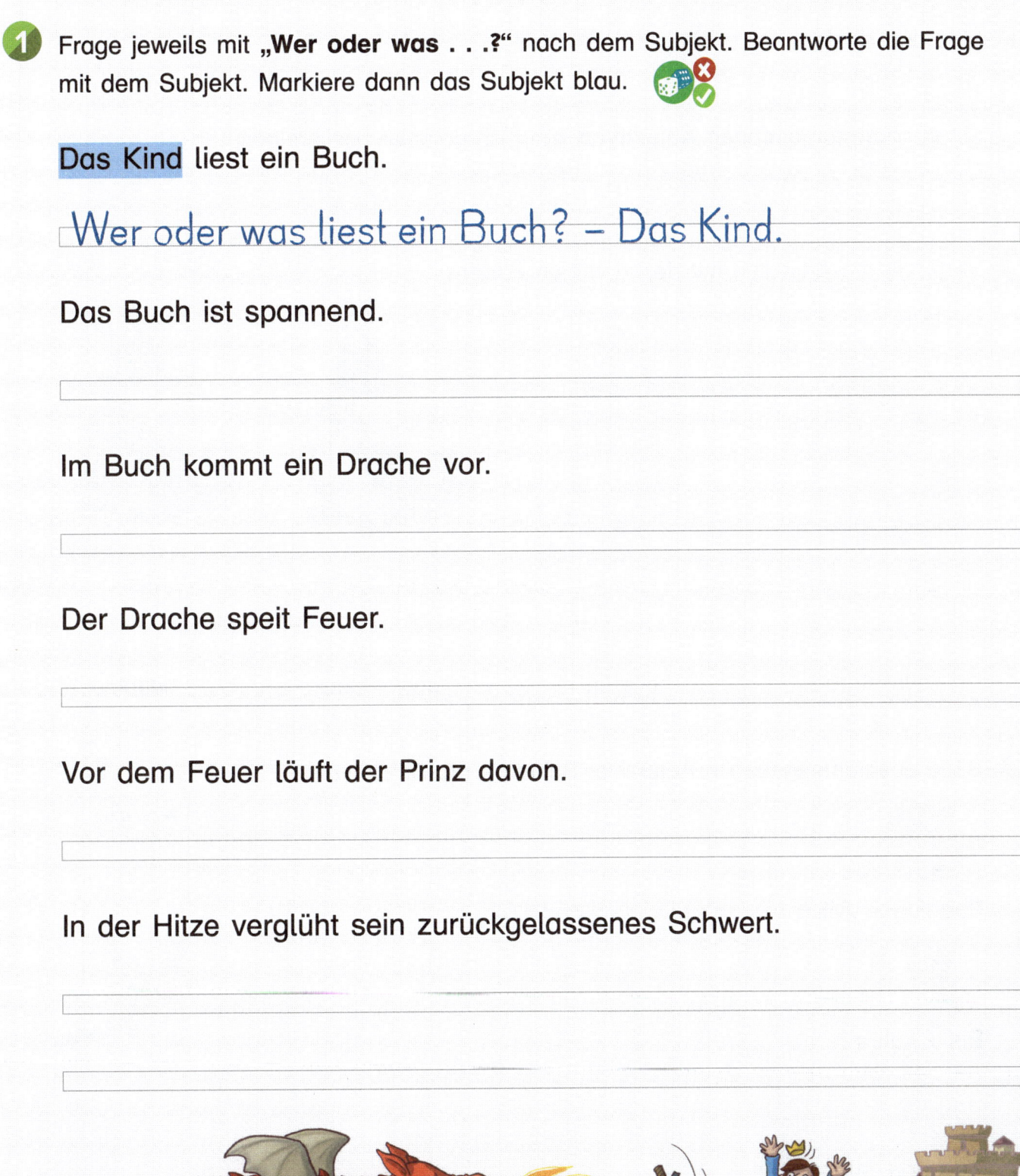

Zusammengesetzte Adjektive

1 Lies den Kasten.

> Mit **zusammengesetzten Adjektiven** kann ich genauer beschreiben.
> hell + rot → hellrot, der Blitz + schnell → blitzschnell

2 Verbinde die Adjektive mit den richtigen Bildern.

| dunkelgrün | hellgrün | dunkelblau | hellblau |

3 Bilde zusammengesetzte Adjektive. Schreibe die Adjektive auf.

Zusammengesetzte Adjektive werden auch kleingeschrieben.

 Pudding + weich = *puddingweich*

 Eis + kalt =

 Zucker + süß =

Blitz + schnell =

Zusammengesetzte Adjektive

1 Jeweils drei Adjektive der ersten Spalte passen. Bilde zusammengesetzte Adjektive und schreibe sie auf.

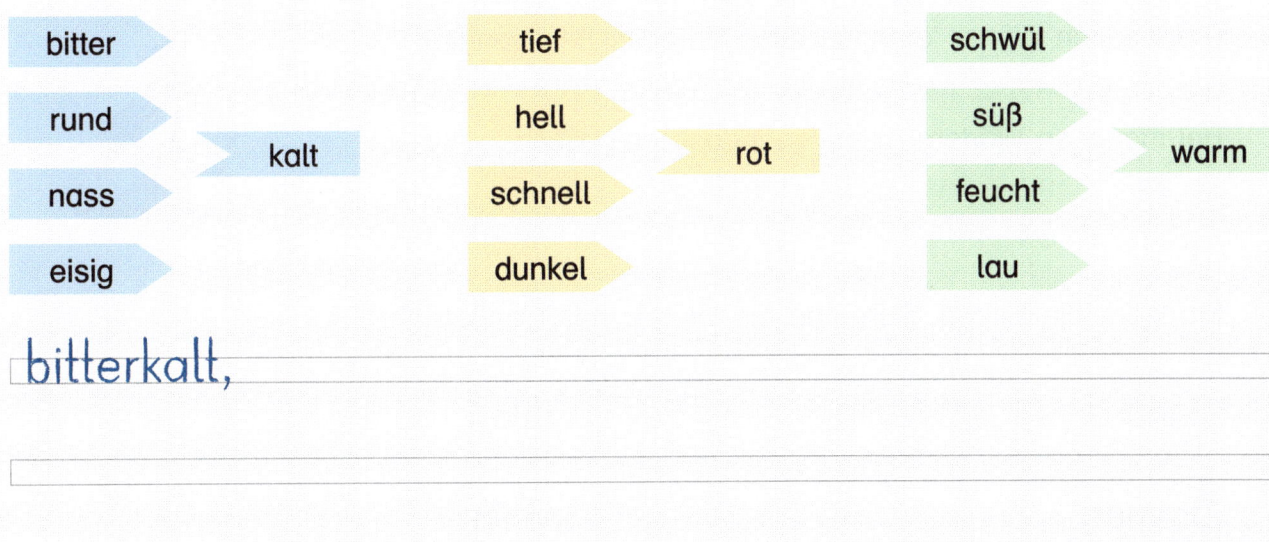

bitter
rund
nass
eisig

kalt

tief
hell
schnell
dunkel

rot

schwül
süß
feucht
lau

warm

bitterkalt,

2 Finde die Gegensatzpaare und schreibe sie auf.

bildschön   stinkfaul
klitzeklein   beinhart   blutjung
schnurgerade   sägerau

riesengroß   steinalt   windschief
spiegelglatt   puddingweich
potthässlich   bienenfleißig

bildschön – potthässlich

Und ich bin
bärenstark!

Wörter am Ende der Zeile trennen

1 Lies den Kasten.

> Einen einzelnen Selbstlaut darf ich nicht abtrennen.

Die meisten Wörter kann ich nach Sprechsilben trennen.
Nach-rich-ten, zau-bern, Fan-ta-sie
Bei manchen Wörtern muss ich jedoch aufpassen.
die **O**ma, la-**ch**en, wa-**sch**en, der Da-**ck**el, knu**sp**-rig

2 Markiere die Silben. Schreibe die Wörter mit Trennstrich auf.

Einhorn   Ein-horn   laufen   _____

Zimmer   _____   lachen   _____

Katze   _____   hüpfen   _____

Ostern   _____   sitzen   _____

Drache   _____   backen   _____

3 Schreibe die Wörter getrennt in die Lücken.

Ella träumt von einem Einhorn .

Einhorn

Max träumt von _____
_____.

Ostern

Mia träumt von einer _____
_____.

Katze

Wörter am Ende der Zeile trennen

1 Markiere alle Wörter mit zwei Silben. Schreibe die Wörter mit Trennstrichen auf. Beachte die Trennregeln.

In Finns **Zimmer** riecht es heute Morgen unangenehm. Finns Vater öffnet das Fenster. Doch der Geruch verschwindet nicht. „Was könnte das sein?", überlegt Finn und schaut in seine Schultasche. Und da sieht er es auch schon: Im Fach neben den Schulheften gammelt ein Pausenbrot vor sich hin. Sein Vater schüttelt ärgerlich den Kopf und seufzt: „Oh, Finn!" Dann bringt er das Pausenbrot zum Kompost.

2 Schreibe die Wörter entsprechend der Anzahl ihrer Silben mit Trennstrichen auf. Beachte die Trennregeln.

Hexe	Unterhaltung	Einhorn	Burggraben
Papagei	Drache	Zauberstäbe	Feuerleiter	Krone
Seepferdchen	Zwergenhüte	Prinzessin

Prüfe mit dem Wörterbuch!

zwei Silben

He-xe

drei Silben

vier Silben

Komma bei Aufzählungen

1 Lies den Kasten.

> Zwischen **Aufzählungen** steht ein **Komma**.
> Achtung: Vor **und/oder** steht kein Komma.
> Am Montag, Dienstag und Mittwoch gehe ich zum Sport.
> Ich laufe, turne, tanze oder singe gerne.

Kommas helfen beim Lesen!

2 Markiere die Kommas.

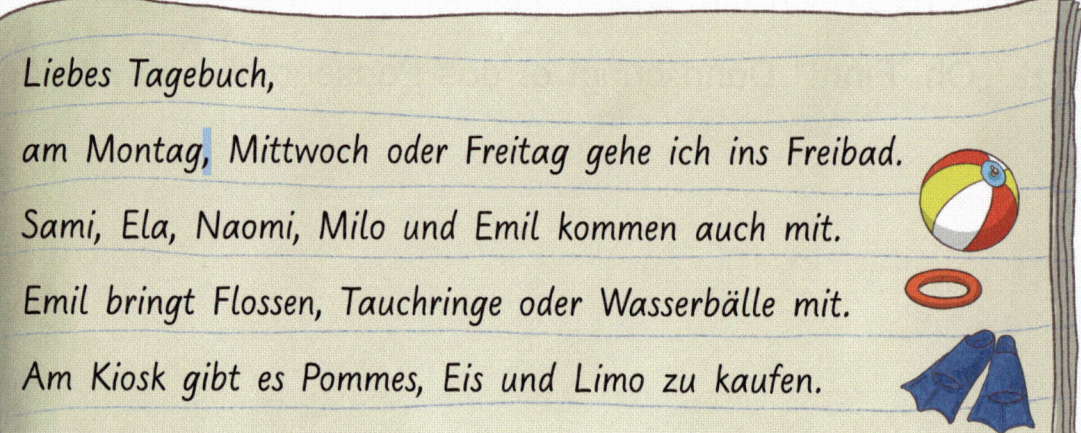

Liebes Tagebuch,

am Montag, Mittwoch oder Freitag gehe ich ins Freibad.

Sami, Ela, Naomi, Milo und Emil kommen auch mit.

Emil bringt Flossen, Tauchringe oder Wasserbälle mit.

Am Kiosk gibt es Pommes, Eis und Limo zu kaufen.

3 Schreibe die Wörter ab. Setze Kommas an die richtigen Stellen.

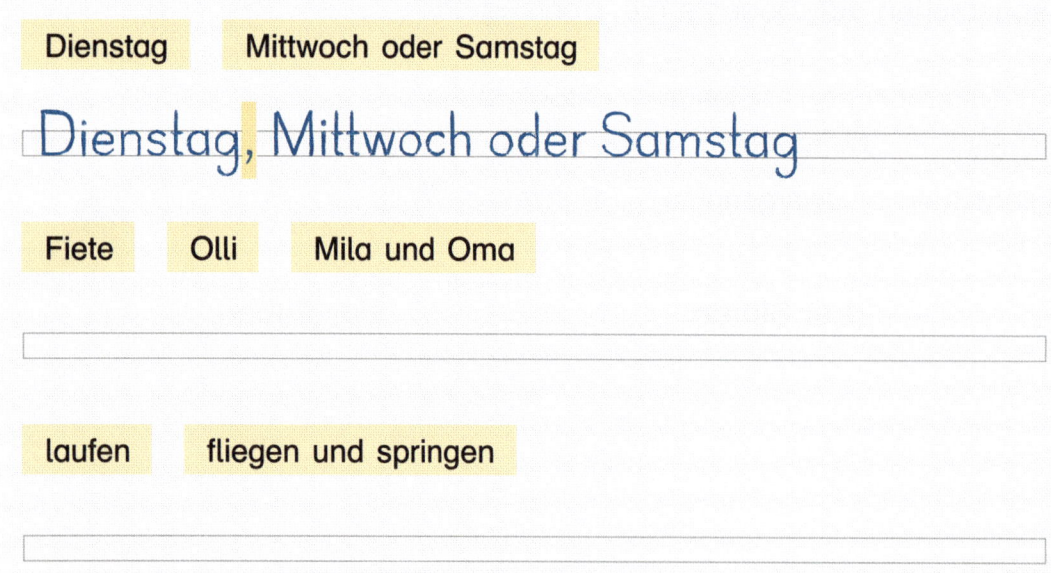

Dienstag   Mittwoch oder Samstag

Dienstag, Mittwoch oder Samstag

Fiete   Olli   Mila und Oma

laufen   fliegen und springen

4 Markiere in **3** die Kommas.

Komma bei Aufzählungen

 a Schreibe die Namen deiner Freundinnen und Freunde in das Freundebuch.

b Verwende bei der Beantwortung der Fragen jeweils drei der passenden Nomen, Verben oder Adjektive. Denke an die Kommas.

Äpfel Bananen Kiwi
Birnen Nüsse
Mandeln Kokosnüsse

Malstifte Schuhe Bücher
Ausflüge Steckfiguren
Rollschuhe Kleider

malen lesen spielen
tanzen schlafen skaten
musizieren

Weimar Berlin Mannheim
Fürth   Hannover
Köln Saarbrücken

Limonade Wasser Tee
Orangensaft Milch Cola
Heidelbeersaft

Was isst du gern? Ich esse gern Äpfel, Birnen und Mandeln.

Was trinkst du am liebsten?

Was machst du in deiner Freizeit?

Mit wem spielst du am liebsten?

Welche Städte kennst du?

Was wünschst du dir zum Geburtstag?

Kleine Merkwörter Ⓜ

1 Lies die Wörter.

an	jetzt	sehr	nie	bald	mir

dann	obwohl	trotz	mehr	ähnlich	wir

2 Markiere die Wörter in **1** mit verschiedenen Farben.

Alle Wörter mit einem **a** blau.   Alle Wörter mit einem **z** rot.

Alle Wörter mit einem **i** gelb.   Alle Wörter mit einem **h** grün.

3 Schreibe alle Wörter geordnet in die Kästen.

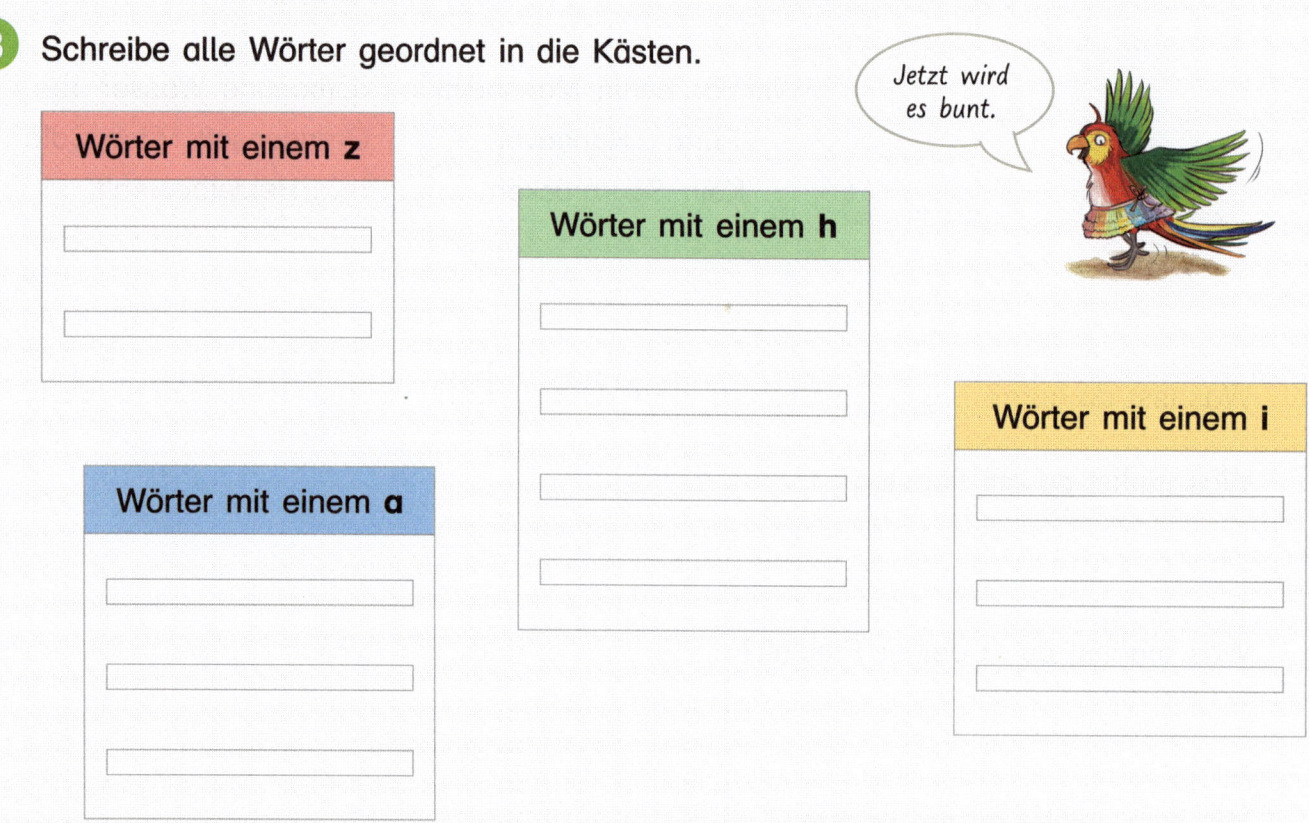

Jetzt wird es bunt.

Wörter mit einem **z**

Wörter mit einem **h**

Wörter mit einem **i**

Wörter mit einem **a**

4 Schreibe die Wörter in deiner Lieblingsfarbe so oft es geht in die Zeilen.

Kleine Merkwörter

1 Ordne die kleinen Merkwörter nach dem Alphabet und schreibe sie auf.

an   nie
bald
sehr
jetzt   dann
mir

ihr
wir   trotz
ähnlich   mehr
obwohl

 an, _____

 _____

2 Setze zehn der kleinen Merkwörter aus **1** passend ein.

Achtung: Manchmal gibt es mehrere Möglichkeiten.

Die Familie geht spazieren, [_____] es Bindfäden regnet.

Der Junge ist seinem Großvater sehr [_____].

„Ich möchte [_____] ein Eis!", quengelt das Kind vor der Eisbude.

Weil [_____] Weihnachten ist, hängen [_____] bunte Sterne ins Fenster.

„Gib [_____] sofort den Ball!", ruft das Mädchen auf dem Spielfeld.

„Ich möchte bitte noch [_____] von der köstlichen Suppe", hat Oma noch

[_____] gesagt.

„Wenn [_____] mit der Aufgabe fertig seid, [_____] könnt ihr nach Hause

gehen", verspricht die Lehrerin.

Der nachgestellte Redebegleitsatz

1 Lies den Kasten.

> Der **Redebegleitsatz** kann hinter der wörtliche Rede stehen.
> Vor dem nachgestellten Redebegleitsatz steht ein Komma.
> „Ich gehe heute mit Oma ins Schwimmbad", **sagt Milo.**
> „Kannst du kraulen?", **fragt Emil.**
> „Ich bin als Erste am Beckenrand", **ruft Oma.**

Vor dem Redebegleitsatz steht ein Komma.

2 Markiere den Redebegleitsatz und das Komma.

„Kommst du morgen mit schwimmen?", <u>fragt Milo</u>.

„Ja, sehr gerne", antwortet Sami.

„Super. Vergiss deine Schwimmbrille nicht!", sagt Milo.

3 Betrachte die Bilder.

4 Wer sagt was? Trage ein.

„Hat jemand einen Tauchring dabei?", fragt <u>Emil</u>.

„Ich möchte später ein Eis essen" ☐ sagt ☐.

„Ich möchte vom Startblock springen" ☐ jauchzt ☐.

„Kommt wir gehen rutschen!" ☐ ruft ☐.

„Ich finde meinen Badeanzug nicht" ☐ seufzt ☐.

5 Markiere in **4** den Redebegleitsatz. Schreibe das Komma.

Der nachgestellte Redebegleitsatz

1 Schreibe die wörtlichen Reden mit dem passenden Redebegleitsatz auf.

, fragt Mila.   , erklärt Milo.   , antwortet Sami.

, erkundigt sich Ela.   , ruft Samira.   , erwidert Naomi.

„Ich glaube nicht."

„Da ist ein Schild."

„Dürfen wir das Wasser trinken?"

„Woher weißt du das?"

„Aber sicher doch!"

„Stimmt, da steht Trinkwasser drauf!"

"Dürfen wir das Wasser trinken?", fragt Mila.

Fremdwörter

1 Verbinde.

Popcorn

Clown

Crêpe

balancieren

skaten

Der Bookii-Stift liest dir die Fremdwörter vor.

2 Schreibe jedes Wort aus **1** einmal in deiner Lieblingsfarbe auf.

3 Setze die Wörter passend ein.

| balancieren | Clown | skaten | Crêpe |

Mila und Milo **balancieren** auf einer Mauer.

Sami bestellt sich einen _____ .

Emil lacht über einen _____ .

Ela nimmt ihren Helm und geht _____ .

Fremdwörter

1 Lies die Fremdwörter und die Erklärungen. Verbinde passend.

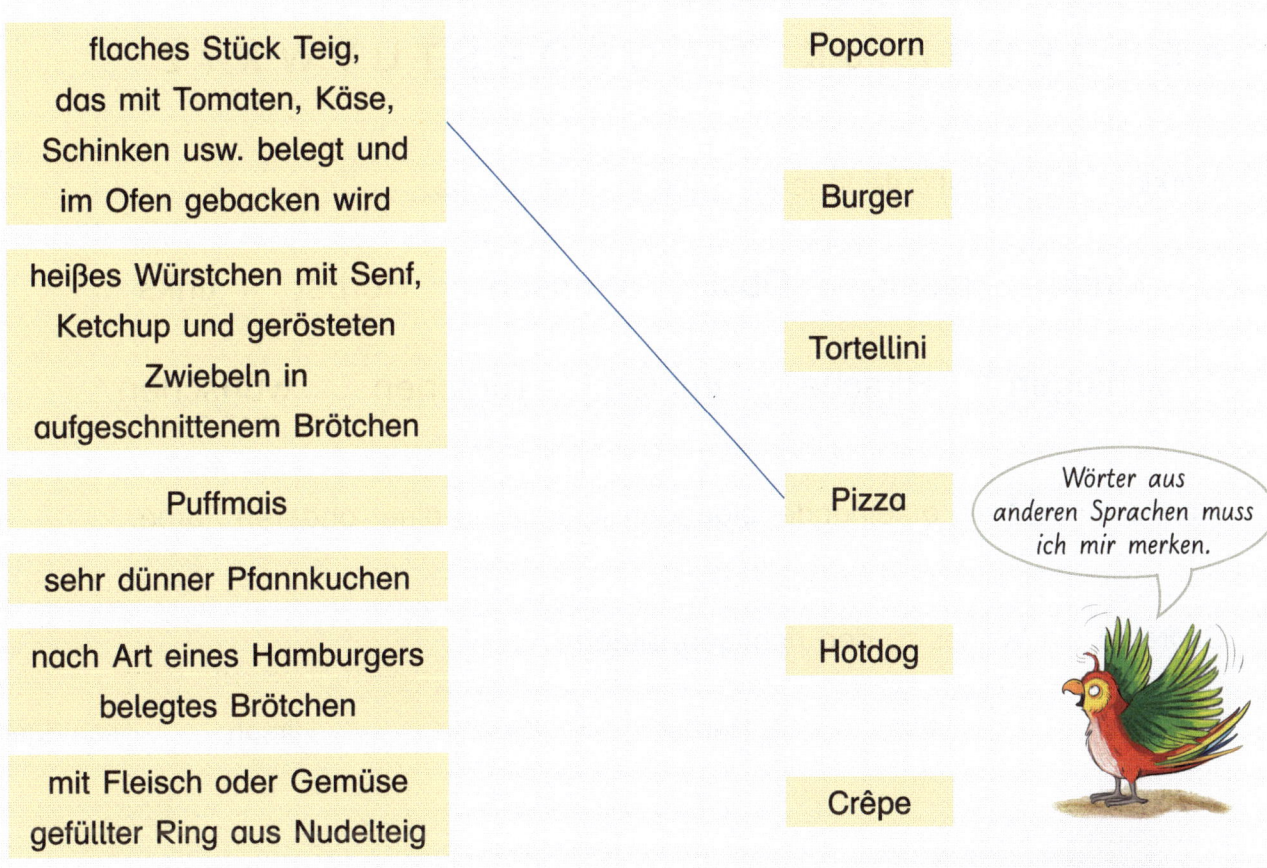

flaches Stück Teig, das mit Tomaten, Käse, Schinken usw. belegt und im Ofen gebacken wird

heißes Würstchen mit Senf, Ketchup und gerösteten Zwiebeln in aufgeschnittenem Brötchen

Puffmais

sehr dünner Pfannkuchen

nach Art eines Hamburgers belegtes Brötchen

mit Fleisch oder Gemüse gefüllter Ring aus Nudelteig

Popcorn

Burger

Tortellini

Pizza

Hotdog

Crêpe

Wörter aus anderen Sprachen muss ich mir merken.

2 Setze die Wörter aus **1** passend in den Text ein.

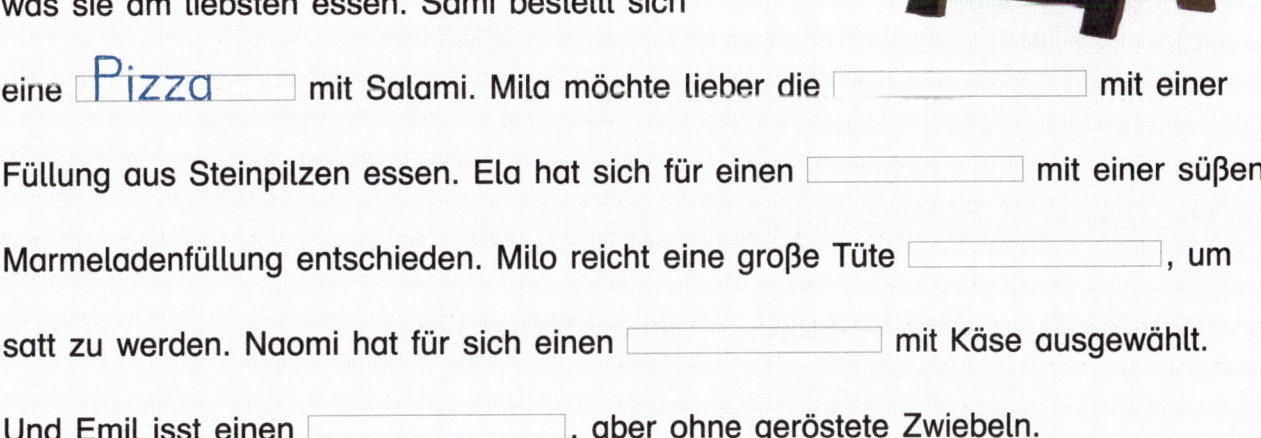

An der Imbissbude

Heute dürfen sich alle Kinder bestellen,

was sie am liebsten essen. Sami bestellt sich

eine ___Pizza___ mit Salami. Mila möchte lieber die _____ mit einer

Füllung aus Steinpilzen essen. Ela hat sich für einen _____ mit einer süßen

Marmeladenfüllung entschieden. Milo reicht eine große Tüte _____, um

satt zu werden. Naomi hat für sich einen _____ mit Käse ausgewählt.

Und Emil isst einen _____, aber ohne geröstete Zwiebeln.

Viele Mitlaute nacheinander

1 Markiere die Mitlaute und die Selbstlaute in verschiedenen Farben.

A B C D E F G H I J K L M N O P Q R S T U V W X Y Z

2 Markiere die Selbstlaute in jeder Silbe in einer Farbe.

Markt   nichts   Obst   Wunsch   Herbst   links

schlagen   Hirsche   impfen   Kirschen   wünschen

3 Markiere in ② die aufeinanderfolgenden Mitlaute in einer anderen Farbe.

4 Schreibe die Wörter zu den richtigen Bildern.

Markt   links   Herbst   Kirsche   Hirsch   schlagen

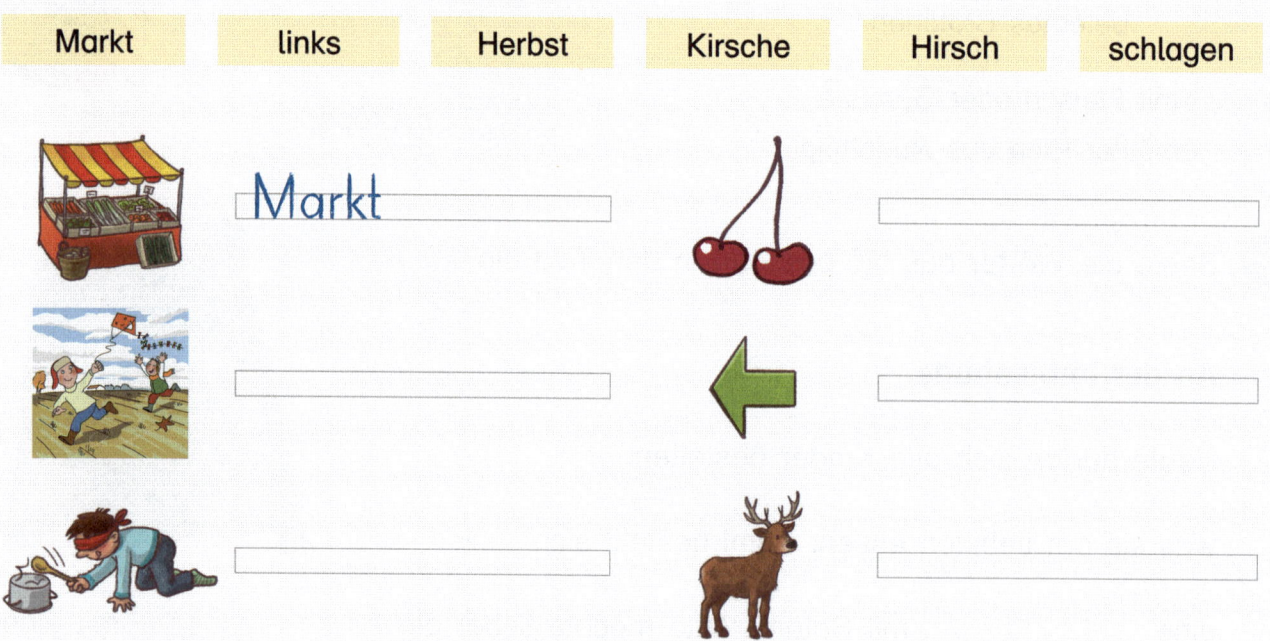

Markt

5 Markiere die Selbstlaute und die drei gleichen Mitlaute

Schifffahrt   Brennnessel   Nussschokolade

Viele Mitlaute nacheinander ☺

1 Lies die Sätze. Markiere die aufeinanderfolgenden Mitlaute in der Mitte der zusammengesetzten Nomen.

Emil hat vor seinem Geburtstag einen langen Wunschzettel geschrieben.

Mila würde am liebsten Topfschlagen spielen, falls sie eingeladen wird.

Emils Vater besorgt an einem Marktstand einen Strauß Herbstblumen und füllt einen Obstkorb mit Äpfeln für den Kuchen.

Außerdem kauft er die Zutaten für die deftigen Fleischklopse.

2 Zerlege die zusammengesetzten Nomen aus **1**.
Markiere jeweils die Mitlaute am Ende des ersten und am Anfang des zweiten Wortes.

die Geburt-s – der Tag

3 Finde in den Sätzen in **1** weitere Wörter, in denen mindestens drei Mitlaute aufeinanderfolgen. Schreibe sie auf und markiere die Mitlaute.

geschrieben,

Wörter mit silbentrennendem h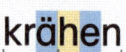

1 Lies den Kasten.

> Ein **silbentrennendes h** steht zwischen zwei Selbstlauten (Vokalen).
> Es eröffnet die nächste Silbe. In allen verwandten Wörtern bleibt das **h** enthalten.
> gehen, er geht; sehen, sie sieht, sie sah

2 Markiere das **h** gelb, den Vokal davor und danach blau.

krähen   leihen   Truhe

drehen   Mühe   ziehen

*Ah, vor dem **h** werden die Silben getrennt.*

3 Setze Silbenbögen. Markiere das silbentrennende **h**.

Schuhe   Rehe   Kühe   Zehen   Flöhe

stehen   sehen   mähen   fliehen   gehen

4 Schreibe Sätze mit den Wörtern aus **3**.

Die Schuhe stehen im Flur.

5 Markiere in den Wörtern in **4** das silbentrennende **h**.

Wörter mit silbentrennendem h ☺

1 Sprich die Wörter Silbe für Silbe und zeichne Silbenbögen.
Nur in fünf Wörtern kannst du das **h** beim Sprechen hörbar machen. Markiere es.

fahren   sehen   erzählen   Mühe   Wohnung   Bohnen

sprühen   Truhe   rühren   Lehrerin   näher

2 Verlängere die Wörter. Zeichne Silbenbögen und markiere das **h**.

das Reh   die Rehe   der Zeh

die Kuh   der Floh

der Schuh

3 Ergänze die fehlenden Verbformen.

mähst	fliehe	leihen	mähen	leiht	fliehst	mäht
fliehen	leihen	mähen	mähe	fliehen	flieht	leihst

ich	leihe		
du			
er/sie/es		flieht	
wir			mähen
ihr			
sie			

Merkwörter mit ai Ⓜ

1 Lies den Kasten.

> Wörter mit **ai** sind Merkwörter. Diese Wörter muss ich mir gut merken.
> der Hai, der Mai, der Mais

2 Markiere in den Wörtern **ai**.

Saite	Hai	Mai	Kaiser	Mais
Waise	Main	Laib	Laich	Hain

3 Schreibe die Wörter einmal in Druckschrift, einmal in Schreibschrift und einmal in deiner Lieblingsfarbe auf.

4 Decke **3** ab. Schreibe die Wörter auswendig zu den Bildern.

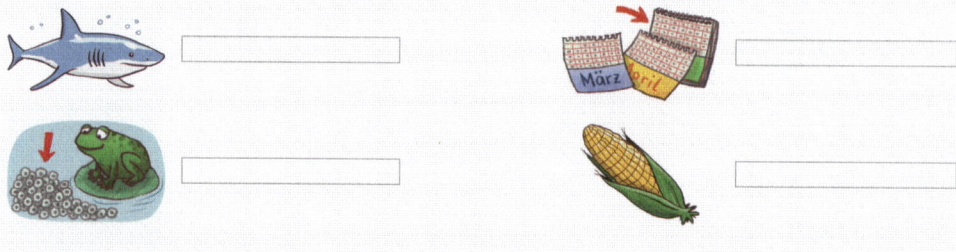

Merkwörter mit ai Ⓜ

1 Markiere alle Wörter mit **ai**. Schreibe sie mit Artikel auf.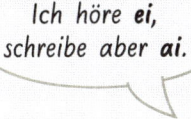

X	V	S	M	E	Y	P	Z
L	E	W	A	I	S	E	C
I	S	J	I	L	F	D	E
K	A	I	S	E	R	A	S
Ö	I	K	Y	D	D	V	F
O	T	D	Z	L	A	I	B
L	E	T	V	A	C	T	N
R	U	M	A	I	H	I	V
F	I	E	D	C	F	I	J
V	C	S	R	H	A	I	R
L	R	G	D	S	O	K	D

_____

_____

_____

_____

_____

_____

_____

_____

> Ich höre **ei**,
> schreibe aber **ai**.

2 Bilde mit den Wörtern aus **1** und den Wörtern aus dem Kasten zusammengesetzte Nomen. Schreibe sie auf.

der Kolben	die Gitarre	die Flosse	das Kind
das Brot	der Baum	der Fisch	der Dom

der Mais + der Kolben = _____

_____

_____

_____

_____

_____

_____

Rätsel 1: Tier-Rätsel

1 Lies genau. Welches Tier wird gesucht?

1. Ich bin ein Säugetier.

2. Ich habe vier Beine.

3. Ich esse gerne Pflanzen.

4. Ich bin grau.

5. Ich habe kein Fell.

6. Ich habe ein bis zwei Hörner.

7. Ich bin ein _____ .

Da musst du ganz genau hinschauen.

Rätsel 2: Verben-Suchsel

1 Finde die Verben und schreibe sie auf.

K
C E
E W N

wecken

A L T
U A E
S H N

H E N
C V E
U S R

N K N U
R E P S

E K R T
N C I S

N E L
B Ü O
E R H

N L A N
I E D E

E N Z E
G Ä S R

W R E
I S C
N E H

A L S
C H U
N E A

Rätsel 3: Finde den richtigen Weg

1 Welchen Weg muss Milo nehmen, um zu Ela zu gelangen? Die Buchstaben auf dem Weg verraten dir, was die beiden heute vorhaben:

Milo und Ela gehen ☐☐☐☐☐☐ .

Rätsel 4: Kreuzworträtsel mit doppelten Bedeutungen

1 Ein Wort, zwei Bedeutungen. Schreibe sie passend. Die Buchstaben in den farbigen Kästchen ergeben in der richtigen Reihenfolge das Lösungswort.

waagerecht:

1 sie leuchtet/Obst

3 sie hat dich geboren/sie ergänzt eine Schraube

4 Gegenteil von reich/Körperteil

7 er bewegt sich schnell voran/Teppich

9 du schläfst darunter/es ist nicht der Boden des Zimmers

10 prächtiges Gebäude/Schließvorrichtung

11 du schlägst ihn in die Wand/ du hast ihn an jedem Finger und Zeh

senkrecht:

2 Hunderasse/Sportler

5 Tasteninstrument/Tiere fliegen damit

6 berühmter Mensch/Vogelart

8 Gebäude/bilden sich auf der Kopfhaut

12 kreisrunder Teil eines Fahrzeugs/ Kurzwort für ein Fahrzeug

Lösungswort:

Rätsel 5: Sommer-Rätsel

1 Es ist Sommer. Olli fliegt über den See. Dabei macht er Kunststücke.

2 Was wirft hier Schatten? Schreibe auf.

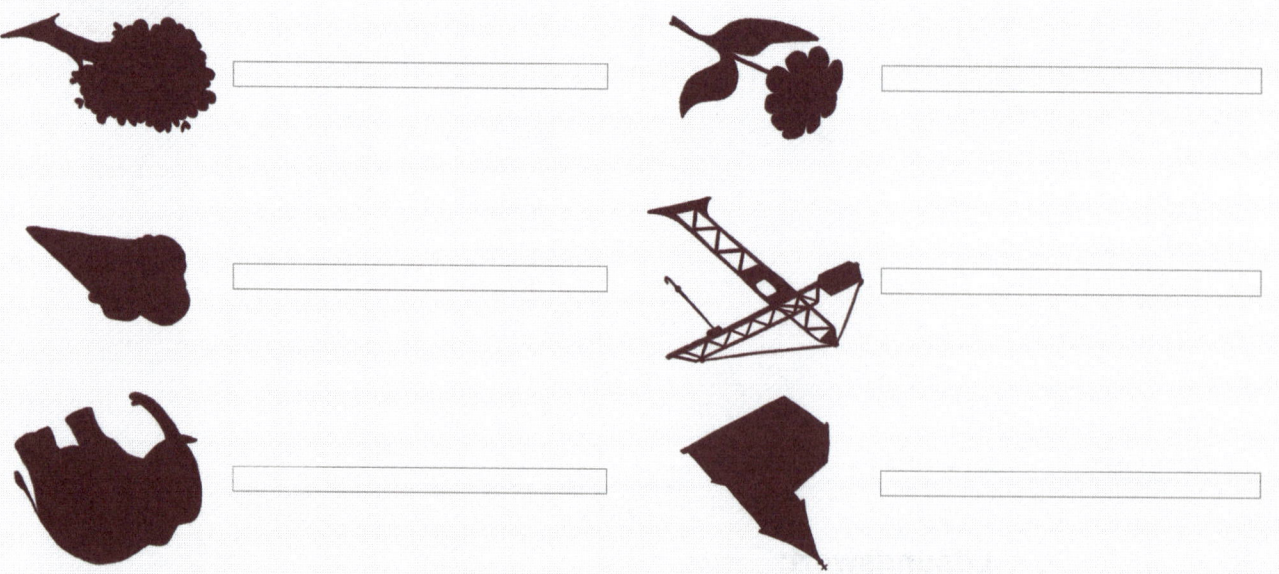

Rätsel 6: Rückwärts-Rätsel

1 Markiere alle Wörter, die rückwärts gelesen denselben Sinn ergeben, rot und alle Wörter, die rückwärts gelesen einen anderen Sinn ergeben, grün. Achtung: Manche Wörter ergeben rückwärts gelesen überhaupt keinen Sinn. Streiche sie durch.

Schau genau hin und sprich die Wörter!

NEBEL	KONTONUMMER	LUSTIG
RENTNER	KOMMEN	HAUPTSATZ
KOMISCH	GEWÖHNLICH	REITTIER
LIEB	ROTOR	SITZEN
EUER	SIEBZEHN	KAPUTT
NEUGIERIG	NEFFEN	LAGE
EBBE	KIPPEN	LAGERREGAL
VERGESSEN	UHU	BRUNNEN
KAJAK	LÄSTIG	VIERZEHN
ASTERIX	GRAS	NENNEN
REGAL	WETTEN	KÜNSTLER
NEBEN	SANDMANN	HANNAH

Deutsch mit Olli **3** **Sprachbuch**

Arbeitsheft
LEICHT | BASIS

Erarbeitet von:	Christine M. Kaiser, Lisa Wegerle
Redaktion:	Julia Kluge
Illustrationen:	Sandra Reckers, Petra Eimer, Christian Bartz, Axel Nicolai
Umschlagillustration:	Petra Eimer (Papagei) und Christian Bartz
Umschlaggestaltung:	Corinna Babylon und Jule Kienecker, Berlin
Layoutkonzept und technische Umsetzung:	Cornelia Gründer, Corngreen GmbH, Leipzig
BOOKii-Funktion:	Lizenz BOOKii Tessloff Verlag Ragnar Tessloff GmbH & Co. KG, Nürnberg http://www.tessloff.com BOOKii® ist eine eingetragene Marke des Tessloff Verlags, Nürnberg

www.cornelsen.de

1. Auflage, 1. Druck 2022
Alle Drucke dieser Auflage sind inhaltlich unverändert
und können im Unterricht nebeneinander verwendet werden.

Druck: H. Heenemann, Berlin

ISBN 978-3-464-80251-9
ISBN 978-3-464-80756-9 (Lösungsdownload)

PEFC zertifiziert
Dieses Produkt stammt aus nachhaltig
bewirtschafteten Wäldern und kontrollierten
Quellen.
www.pefc.de

PEFC™
PEFC/04-31-1156

Deutsch mit Olli

3

Testheft

Name:

Klasse:

Cornelsen

1 Schreibe die Nomen mit dem bestimmten Artikel auf.

[Bild: Fisch] _____

[Bild: Blume] _____

[Bild: Brot] _____

[Bild: Junge] _____

(4 x 1 P.)
4 Punkte

---

2 Setze die Verben passend ein.

| lesen | singen | malen | trinken | essen | schreiben |

Ich _____ ein Buch. Opa _____ einen Brief.

Lea _____ ein Lied. Tim und Tom _____ Eis.

Alia _____ ein Bild. Flora _____ Milch.

(6 x 1 P.)
6 Punkte

---

3 Finde die zehn Adjektive. Kreise sie ein.

lesen	warm	kurz	Heft	spitz
weich	spielen	klein	trocken	essen
fleißig	laufen	bunt	richtig	faul

(10 x 0,5 P.)
5 Punkte

---

4 Unterstreiche die Nomen blau, Verben rot und Adjektive grün.

Im Winter fahren wir zu meiner Tante. Sie wohnt an einem schönen See.

Dort schlafen wir in einer kleinen Hütte. Wir spielen immer mit den netten

Nachbarskindern. Manchmal backen wir leckere Pizza. Das Essen duftet

immer köstlich.

(18 x 0,5 P.)
9 Punkte

Themen: 1: Nomen/Artikel   2: Verben   3: Adjektive   4: Nomen/Verben/Adjektive

5 Lies die Sprechblasen. Welche Satzzeichen fehlen?

Oh, das ist aber toll

Ich besuche gleich meine Oma

Oh nein

Darf ich dir helfen

Der Weg führt an einem Bach entlang

Wie spät ist es

(6 x 1 P.)
6 Punkte

---

6 Bilde sinnvolle Aussagesätze und schreibe sie auf.

Mila   ins Schwimmbad   geht

einen Kuchen   Opa   backt

spielen   im Garten   Die Kinder

(3 x 3 P.)
9 Punkte

---

7 Verbinde die Fragen mit den passenden Antworten. Ergänze das Zeichen am Satzende.

Wann feierst du deinen Geburtstag ☐

Die Feier findet in unserem Garten statt ☐

Wie viele Kinder hast du eingeladen ☐

Ich feiere meinen Geburtstag am Samstag ☐

Wo findet die Feier statt ☐

Ich habe neun Kinder eingeladen ☐

(3 x 2 P.)
6 Punkte

8 Markiere den ersten Anfangsbuchstaben.
Ordne die Wörter nach dem Alphabet.

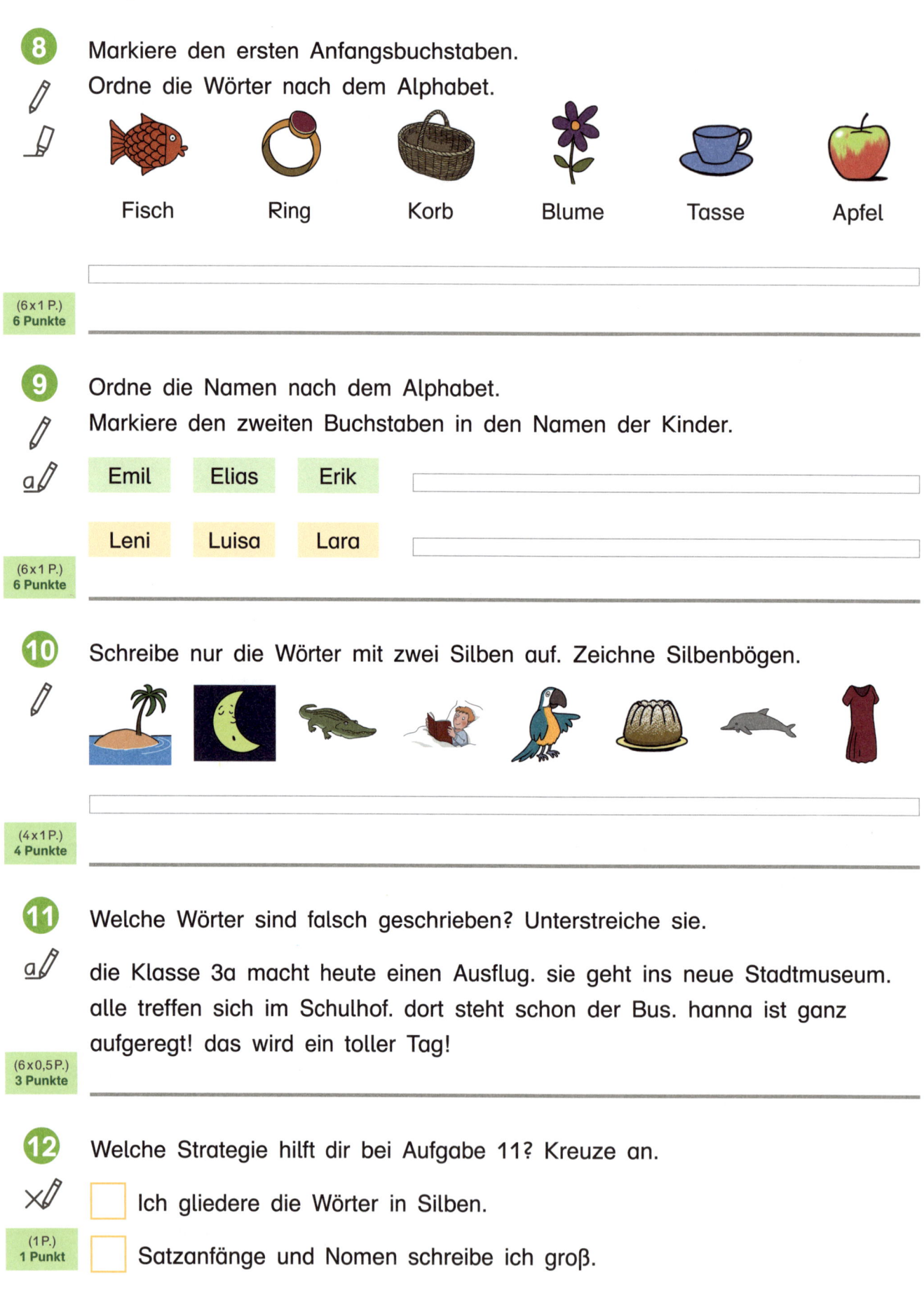

Fisch   Ring   Korb   Blume   Tasse   Apfel

(6 x 1 P.)
6 Punkte

9 Ordne die Namen nach dem Alphabet.
Markiere den zweiten Buchstaben in den Namen der Kinder.

Emil   Elias   Erik

Leni   Luisa   Lara

(6 x 1 P.)
6 Punkte

10 Schreibe nur die Wörter mit zwei Silben auf. Zeichne Silbenbögen.

(4 x 1 P.)
4 Punkte

11 Welche Wörter sind falsch geschrieben? Unterstreiche sie.

die Klasse 3a macht heute einen Ausflug. sie geht ins neue Stadtmuseum.
alle treffen sich im Schulhof. dort steht schon der Bus. hanna ist ganz
aufgeregt! das wird ein toller Tag!

(6 x 0,5 P.)
3 Punkte

12 Welche Strategie hilft dir bei Aufgabe 11? Kreuze an.

☐ Ich gliedere die Wörter in Silben.

☐ Satzanfänge und Nomen schreibe ich groß.

(1 P.)
1 Punkt

Themen: 8/9: Strategien anwenden: Nach dem 1. und 2. Buchstaben ordnen   10: Strategien anwenden: Wörter in Silben gliedern
11 /12 Strategien anwenden: Satzanfänge/Nomen groß schreiben

13 Finde zu jedem Wort mit **ä** oder **äu** ein verwandtes Wort mit **a** oder **au**.
Schreibe beide Wörter richtig auf.

(8 x 1 P.)
8 Punkte

14 **d** oder **t**? Finde zu jedem Nomen die Verlängerung.

das Lie [ ] ↪ [   ]   das Bro [ ] ↪ [   ]

der Hu [ ] ↪ [   ]   der Mon [ ] ↪ [   ]

das Wor [ ] ↪ [   ]   die Han [ ] ↪ [   ]

(6 x 1 P.)
6 Punkte

15 **b/p** oder **g/k** am Ende? Fülle die Lücken aus.

das Geschen [ ]   der Die [ ]   der We [ ]   der Köni [ ]

das Mikrosko [ ]   das Sie [ ]   der Schran [ ]   der Urlau [ ]

(8 x 0,5 P.)
4 Punkte

16 Richtig oder falsch? Kreuze an.

Wenn ich nicht weiß, ob ich ein Wort mit **ä** oder **e** schreibe, suche ich ein
verwandtes Wort mit **a**.   richtig [ ] falsch [ ]

Wenn ich nicht weiß, ob ich ein Wort mit **d** oder **t** schreibe, gliedere ich das
Wort in Silben.   richtig [ ] falsch [ ]

(1 P.)
1 Punkt

Themen: 13: Strategien anwenden: Wörter mit a/ä und au/äu 14: Strategien anwenden: d/t 15: Strategien anwenden: b/p, g/k
16: Strategien anwenden: Wörter verlängern/ableiten

5

1

Kreise bei den Wörtern den Wortstamm **Trink/trink** blau ein und den Wortstamm **Les/les** rot.

| lesen | Getränk | las | getrunken | Lesebuch | Zaubertrank |

| lesbar | tranken | lasen | Trinkflasche | Leseratte | liest |

(12 x 0,5 P.)
6 Punkte

2

Kreise alle Wörter der gleichen Wortfamilie mit der gleichen Farbe ein.

| zahllos | häuslich | Gefälle | Hausmeister | überfallen | Gebäude |

| Zahlenstrahl | Bauplan | Fallobst | zählen | Gehäuse | ausbauen |

(12 x 0,5 P.)
6 Punkte

3

Schreibe zu jeder Personalform die passende Grundform.

sie läuft _____   du hilfst _____   er spricht _____

es schmilzt _____   du gibst _____   er hat _____

(6 x 1 P.)
6 Punkte

4

Markiere die kurzen und langen Selbstlaute mit . oder __.

Ratte   Hose   Hund   nachts   nagen   Rose

Feder   Rock   bellen   Ruder   Fenster   Hut

(12 x 0,5 P.)
6 Punkte

5

Was gehört zusammen? Verbinde die gelben Kästchen passend
mit den Silben in den grünen Kästchen.

| Sup | fal | Schüs | käm | mes | Gewit | Don | Zim | Rüs | Sper |

| sel | pe | len | sen | men | ner | ter | mer | sel | re |

(10 x 0,5 P.)
5 Punkte

6

Kreise alle Nomen ein, die in der Mehrzahl stehen.

| die Höhle | die Gräser | die Kiefer | die Hamster | der Hofhund |

| die Ziege | die Mäuse | die Mausefalle | die Eier | die Esel |

(10 x 0,5 P.)
5 Punkte

Themen: : 1: Wortstamm   2: Wortfamilie   3: Grundform/Personalformen   4: lange und kurze Selbstlaute   5: Wörter mit doppeltem Mitlaut
6: Nomen erkennen/Mehrzahl

7 Kreise die Nomen für Gefühle ein.

| Freude | Hammer | Neid | Wut | Vorsicht | Hase | Angst | Mauer |

| Stolz | Ekel | Blume | Liebe | Maschine | Ärger | Langeweile |

(10 x 0,5 P.)
5 Punkte

---

8 Welches Adjektiv gehört zum Nomen? Schreibe.

die Sonne _____   die Angst _____   das Haus _____

das Salz _____   das Glück _____   das Gift _____

(6 x 1 P.)
6 Punkte

---

9 Verlängere die Adjektive im Kopf und ergänze die fehlenden Buchstaben.

Der Clown ist lusti☐. Die Banane ist gel☐. Der Ball ist run☐. Das

Eis ist kal☐. Der Löwe ist star☐. Unter dem Baum ist es schatti☐.

(6 x 1 P.)
6 Punkte

---

10 Kreise die Wörter mit **chs** ein.

| Fuchs | Milch | Dachs | Lachs | Becher | Ochse | Woche | Fächer |

(4 x 0,5 P.)
2 Punkte

---

11 Setze die Wörter mit **chs** aus 10 passend ein.

Der _____ jagt die Gans. Neben der Kuh steht ein _____ .

Der _____ schwimmt im Wasser. Der _____ ist nachtaktiv.

(4 x 1 P.)
4 Punkte

---

12 **Spr/spr** oder **Str/str**? Immer ein Wort passt nicht. Streiche es durch.

Strähne	streiten	Spruch	sprühen
Streit	stricken	Sprung	sprinten
Strolch	stecken	Spritze	sprechen
Stolz	strecken	Sprache	spülen
Stroh	streicheln	Spule	springen

(4 x 1 P.)
4 Punkte

Themen: 7: Abstrakte/Nomen für Gefühle   8: Adjektive mit -ig/-lich   9: Adjektive verlängern   10/11: Wörter mit chs
12: Wörter mit Spr/spr und Str/str

7

1 Unterstreiche die Satzglieder in unterschiedlichen Farben.

Der kleine Hund hat schwarzes und weißes Fell.

Die Lehrerin gibt der Schülerin ein Heft.

(12 x 0,5 P.)
6 Punkte
Der Chor singt mit viel Freude das neue Lied im Konzertsaal.

2 Setze ein: **Ä/ä** oder **E/e**, **Äu/äu** oder **Eu/eu**?

das ☐ glein   die ☐ le   die Tr ☐ ne   die L ☐ te   tr ☐ men

(10 x 0,5 P.)
5 Punkte
die B ☐ nke   die B ☐ le   tr ☐ nnen   die Str ☐ ße   die D ☐ cher

3 Schreibe die Reimwörter auf.

Schiene: B ____   Pinsel: I ____   Spinne: R ____

(6 x 1 P.)
6 Punkte
Riese: W ____   fließen: g ____   Kind: R ____

4 Setze die Wörter mit **ß** passend ein.

Blumenstrauß   Straße   begrüßt   Spaß   draußen   heißer

Heute hat Oma Geburtstag. Es ist ein _____ Tag. Ich treffe sie

schon auf der _____ vor dem Haus und überreiche ihr einen

_____ . Wir feiern _____ im Garten.

(6 x 1 P.)
6 Punkte
Oma _____ die Gäste und wünscht allen viel _____ .

5 Setze die Anführungszeichen ein.

Sami: ☐ Haben wir heute in Deutsch Hausaufgaben auf? ☐

Emil: ☐ Nein, wir haben nichts aufbekommen. Aber dafür ganz viel in Mathe. ☐

(6 x 0,5 P.)
3 Punkte
Sami: ☐ Ja, das ist wirklich viel. Zwei ganze Arbeitsblätter! ☐

Themen: 1: Satzglieder   2: Wörter mit Ä/ä und Äu/äu ableiten   3: Wörter mit i und ie   4: Wörter mit ß   5: Wörtliche Rede

6 Unterstreiche die Redebegleitsätze.

Lara fragt: „Papa, backst du heute einen Kuchen?"
Papa antwortet: „Vielleicht, ich bin mir aber noch nicht sicher."
Lara bittet: „Ich habe so Lust auf einen Apfelkuchen. Bitte backe einen."
Papa reagiert: „Ok, wenn du unbedingt willst. Hilfst du mir dabei?"
Lara ruft: „Juchhu, wir backen einen Kuchen!"

(5 x 1 P.)
5 Punkte

7 Schreibe die passenden Pronomen zu den Nomen.

mein Onkel und ich: ☐ du und dein Opa: ☐ der Prinz: ☐

die Bücher: ☐ das Kätzchen: ☐ die Königin: ☐

(6 x 1 P.)
6 Punkte

8 Welches Verb passt? Kreise es ein. Achte auf die Vorsilben.

Mia darf ein Geschenk auspacken / anpacken. Max muss einen Text von der Tafel abschreiben / vorschreiben. Mama möchte das Wohnzimmer umräumen / abräumen. / Kurz vor dem Ziel solltest du jetzt nicht abgeben / aufgeben. Alle Kinder sollen sich auf die Stühle hinsetzen / aufsetzen. Oma möchte ihrem Enkel etwas verlesen / vorlesen.

(6 x 1 P.)
6 Punkte

9 **b** oder **p**? **g** oder **k**? Ergänze den fehlenden Buchstaben.

er schrei ☐ t   sie trin ☐ t   er hu ☐ t   sie sa ☐ t   er par ☐ t

sie blei ☐ t   sie flie ☐ t   es pie ☐ t   er sa ☐ t   sie pum ☐ t

(10 x 0,5 P.)
5 Punkte

10 Klingt das **V/v** wie in **Vogel** oder wie in **Vase**? Schreibe passend auf.

| Veilchen | Advent | nervös | voll | Vanille | viel | Verkauf | Vitamin |

(8 x 0,5 P.)
4 Punkte

Themen: 6: Redebegleitsätze 7: Pronomen 8: Vorsilben 9: Verben mit b/p und g/k am Wortstammende verlängern 10: Merkwörter mit V/v

9

1 Setze die Verbformen passend ein.

lasen   spielen   kaufen   fahren   spielten   lesen   fuhr   kauften

Heute _____ viele Kinder am Handy. – Früher _____ Kinder

Brettspiele. / Heute _____ viele Leute auf dem Tablet. – Früher

_____ die meisten Leute Bücher. / Heute _____ Kinder

Inline Skates. – Früher _____ man Rollschuh. / Heute _____

viele Menschen im Internet. – Früher _____ alle nur in Geschäften.

(8 x 1 P.)
8 Punkte

2 **ck** oder **k**? Fülle die Lücken richtig aus.

schlu ☐ en   die Kra ☐ e   der We ☐ er   dre ☐ ig   das Frühstü ☐

der Bä ☐ er   das La ☐ en   entde ☐ en   das Ora ☐ el   ba ☐ en

(10 x 0,5 P.)
5 Punkte

3 Schreibe die Reimwörter auf.

Kürze: S_____   Tatze: K_____   Spitze: R_____

Schmerz: H_____   reizen: h_____   Witz: B_____

(6 x 1 P.)
6 Punkte

4 Welches Wort steht in einer Wörterliste zuerst? Kreise es ein.

Baby – Bahn   Topf – Tropfen   fragen – freuen   Gewässer – Gefahr

Ast – Axt   groß – glatt   Dusche – Drachen   Ziege – Zeiger

(8 x 0,5 P.)
4 Punkte

5 Finde in der Wörterschlange alle Wörter mit **stummem h** und
schreibe sie auf.

SahneLehrerohneUhrStraßenverkehrähnlichZahlenFahrschulewährendWahl

_____

_____

(10 x 0,5 P.)
5 Punkte

Themen: 1: Gegenwart und Vergangenheit   2: Wörter mit ck und k   3: Wörter mit tz und z   4: Wörter ordnen (ABC)   5: Wörter mit stummem h

6 Zerlege die zusammengesetzten Nomen und ergänze den Artikel.

[_____] Handball = [_____ + _____]

[_____] Eistüte = [_____ + _____]

[_____] Katzenklo = [_____ + _____]

[_____] Sonnenstrahl = [_____ + _____]

(4 x 1,5 P.)
6 Punkte

7 Welche zusammengesetzten Nomen fehlen hier? Setze richtig ein.

Eine Hose, mit der ich bade, ist eine [_____]. Ein See, in dem

ich bade, ist ein [_____]. Eine Flasche, aus der ich trinke, ist

eine [_____]. Ein Tisch, an dem ich esse, ist ein

[_____]. Eine Brille, mit der ich lese, ist eine [_____].

(5 x 1 P.)
5 Punkte

8 Setze die fehlenden Adjektive in der Tabelle ein.

Grundform	1. Vergleichsstufe	2. Vergleichsstufe
spannend		
	besser	
	höher	

(6 x 1 P.)
6 Punkte

9 Schreibe die Wörter richtig auf. Kreuze an, welche Strategie dir geholfen hat.

Treume [_____] ☐ ⚡ / ☐ Aa   Kese [_____] ☐ ↪ / ☐ M   kluk [_____] ☐ ↪ / ☐ M

laufn [_____] ☐ Aa / ☐ ∽   hose [_____] ☐ M / ☐ Aa   Hunt [_____] ☐ ↪ / ☐ ⚡

(12 x 0,5 P.)
6 Punkte

Themen: 6: Zusammengesetzte Nomen (Nomen+Nomen)   7: Zusammengesetzte Nomen (Verb+Nomen)   8: Mit Adjektiven vergleichen
9: Strategien anwenden

11

1 Was tun die Tiere? Markiere in jedem Satz das Prädikat rot.

(7 x 1 P.)
7 Punkte

Der Hund bellt. / Die Katze miaut. / Das Schäfchen schläft. / Die Ziege meckert. / Der Vogel fliegt. / Die Ente schwimmt. / Der Hase hoppelt.

---

2 „Wer oder was…?" Markiere in jedem Satz das Subjekt blau.

(7 x 1 P.)
7 Punkte

Das Mädchen liest eine Zeitschrift. / Die Zeitschrift ist sehr interessant. / Der Junge hört Musik. / Opa liegt auf dem Sofa. / Im Garten sitzt Oma. / Im Arbeitszimmer arbeitet Mama. / Papa kocht das Abendessen.

---

3 Welche Wörter passen zusammen? Bilde sechs zusammengesetzte Adjektive.

Kerze   Samt   Glas   Staub
Hammer   Zitrone

klar   hart   gerade   trocken
weich   gelb

(6 x 1 P.)
6 Punkte

---

4 Trenne die Wörter. Beachte die Trennregeln.

zaubern: _____   waschen: _____   lecker: _____

Nachrichten: _____   fluchen: _____   Oma: _____

(6 x 1 P.)
6 Punkte

---

5 Setze die fehlenden Kommas ein.

Finn mag Äpfel Birnen und Kiwis. Noch lieber mag er Bonbons Kaugummi Gummibärchen und Schokolade. Alex isst lieber Lakritz Chips Flips Salzstangen oder Erdnüsse.

(6 x 0,5 P.)
3 Punkte

---

6 Setze die kleinen Merkwörter **ganz**, **ihm**, **ihr** und **als** passend ein.

Oma liebt Süßigkeiten. Ich schenke _____ Pralinen. / Tim mag Fahrräder.

Am besten gefallen _____ Rennräder. / Es ist Abend. Es ist schon

_____ dunkel. / Eva ist größer _____ ihre Schwester.

(4 x 1 P.)
4 Punkte

Themen: 1: Prädikat   2: Subjekt   3: Zusammengesetzte Adjektive   4: Worttrennung am Zeilenende   5: Komma bei Aufzählungen
6: Kleine Merkwörter

7 Welcher Redebegleitsatz passt? Verbinde.

„Wann öffnet die Bücherei?", …   sagt Mama.

„Sie öffnet um 15 Uhr", …   fragt Mia.

„Leiht euch doch auch Hörspiele aus", …   ruft Finn.

(4 x 1 P.)
4 Punkte „Super Idee, Oma!", …   schlägt Oma vor.

8 Schreibe die passenden Fremdwörter in die Lücken.

Clowns   Popcorn   Manege   Ticket   Show

Ich habe ein [_____] für den Zirkus bekommen! Zuerst kaufe ich

mir [_____]. In der [_____] steht schon der Zirkusdirektor.

(5 x 1 P.)
5 Punkte Zuerst kommen die [_____]. Das wird bestimmt eine tolle [_____]!

9 Bilde zusammengesetzte Nomen. Markiere die aufeinanderfolgenden Mitlaute in der Mitte.

Geburt   Schiff   Markt   Wunsch   Zettel   Stand   Fahrt   Tag

[_____]   [_____]

(4 x 1 P.)
4 Punkte [_____]   [_____]

10 Zeichne Silbenbögen. Markiere das **h**, wenn du es beim Silbensprechen hörst.

(6 x 1 P.)
6 Punkte verleihen   wohnen   Nähe   erfahren   aussehen   Schuhe

11 **ai** oder **ei**? Schreibe passend unter die Bilder.

(5 x 1 P.)
5 Punkte [_____]   [_____]   [_____]   [_____]   [_____]

Themen: 7: Wörtliche Rede mit nachgestelltem Begleitsatz 8: Fremdwörter 9: Viele Mitlaute nacheinander 10: Wörter mit h am Silbenanfang
11: Merkwörter mit ai

13

Deutsch mit Olli 3 Testheft Auswertung Test 1

Der Wiederholungstest zur Klasse 2 (Test 1) kann als Entscheidungsgrundlage für die Auswahl der Arbeitshefte **Leicht/Basis** oder **Basis/Plus** dienen.

Maximal zu erreichende Punktanzahl: **84 Punkte**

▸ **Bis zu 55 Punkten** empfehlen wir, mit dem Arbeitsheft **LEICHT|BASIS** weiterzuarbeiten.

▸ **Ab 56 Punkten** empfehlen wir, mit dem Arbeitsheft **BASIS|PLUS** weiterzuarbeiten.

Einstufung der Einzelkompetenzen zur Lernstandserhebung

Test Seite	Nr.	Kompetenzen Das Kind ...	sicher	teilweise	unsicher	SOLL-Pkt.	IST-Pkt.
Test 1 Seite 2	1	... erkennt Nomen / schreibt Nomen groß.				2	
	1	... kennt den bestimmten Artikel.				2	
	2	... erkennt Verben / kann Verben einsetzen.				6	
	3	... kennt Adjektive.				5	
	4	... kennt die Wortarten (Nomen, Verben, Adjektive).				9	
Test 1 Seite 3	5	... erkennt verschiedene Satzarten / kann Satzzeichen einsetzen.				6	
	6	... schreibt Satzanfänge groß / kann Aussagesätze bilden.				9	
	7	... erkennt Aussage- und Fragesätze.				6	
Test 1 Seite 4	8	... kann Wörter nach dem 1. Buchstaben ordnen.				6	
	9	... kann Wörter nach dem 2. Buchstaben ordnen.				6	
	10	... kann Wörter in Silben gliedern.				4	
	11/12	... kann Strategie anwenden: Satzanfänge / Nomen großschreiben.				3/1	
Test 1 Seite 5	13	... kann Strategie anwenden: Wörter mit a/ä und au/äu ableiten.				8	
	14	... kann Strategie anwenden: Wörter mit d/t am Ende richtig schreiben.				6	
	15	... kann Strategie anwenden: Wörter mit d/t, g/k am Ende richtig schreiben.				4	
	16	... kann Strategie anwenden: Wörter verlängern / ableiten.				1	
		Gesamtpunktzahl				84	

Einstufung der Einzelkompetenzen als Grundlage zur individuellen Förderung

Test Seite	Nr.	Kompetenzen Das Kind ...	sicher	teilweise	unsicher	SOLL-Pkt.	IST-Pkt.
Test 2 Seite 6	1	... erkennt den Wortstamm.				6	
	2	... kennt Wortfamilien.				6	
	3	... erkennt die Grund- und Personalformen von Verben.				6	
	4	... kennt lange und kurze Selbstlaute.				6	
	5	... kennt Wörter mit doppeltem Mitlaut.				5	
	6	... erkennt Nomen in der Mehrzahl.				5	
Test 2 Seite 7	7	... erkennt Nomen für Gefühle.				5	
	8	... kennt Adjektive mit -ig und -lich.				6	
	9	... kann Adjektive verlängern.				6	
	10	... kann Wörter mit chs richtig schreiben.				2/4	
	11	... kennt Wörter mit Spr/spr und Str/str.				4	
		Punkte Test 2				61	
Test 3 Seite 8	1	... kann Satzglieder erkennen.				6	
	2	... kann Ä/ä und Äu/äu ableiten.				5	
	3	... kennt Wörter mit i und ie.				6	
	4	... kennt Wörter mit ß.				6	
	5	... kann Redezeichen bei wörtlicher Rede einsetzen.				3	
Test 3 Seite 9	6	... erkennt Redebegleitsätze.				5	
	7	... kann Wörter durch die passenden Pronomen ersetzen.				6	
	8	... erkennt Vorsilben.				6	
	9	... kann Wörter mit d/t und g/k am Ende richtig schreiben.				5	
	10	... kennt Merkwörter mit V/v.				4	
		Punkte Test 3				52	
Test 4 Seite 10	1	... kennt Verben in der Gegenwart und 1. Vergangenheit.				8	
	2	... kennt Wörter mit ck und k.				5	
	3	... kennt Wörter mit tz.				6	
	4	... kann nach dem Alphabet ordnen.				4	
	5	... kennt und schreibt Wörter mit stummem h.				5	
Test 4 Seite 11	6	... kennt zusammengesetzte Nomen (Nomen+Nomen).				6	
	7	... kennt zusammengesetzte Nomen (Verb+Nomen).				5	
	8	... kann mit Adjektiven vergleichen.				6	
	9	... kann Rechtschreibstrategien anwenden.				6	
		Punkte Test 4				51	
Test 5 Seite 12	1	... kann Prädikate bestimmen.				7	
	2	... kann Subjekte bestimmen.				7	
	3	... kennt zusammengesetzte Adjektive.				6	
	4	... kann Wörter trennen.				6	
	5	... kann Kommas bei Aufzählungen setzen.				3	
	6	... kennt kleine Merkwörter.				4	
Test 5 Seite 13	7	... kann nachgestellte Begleitsätze bei wörtlicher Rede zuordnen.				4	
	8	... kennt Fremdwörter und deren Bedeutung.				5	
	9	... kennt Wörter mit vielen Mitlauten.				4	
	10	... erkennt Wörter mit h am Silbenanfang.				6	
	11	... kennt Merkwörter mit ai.				5	
		Punkte Test 5				57	
		Gesamtpunktzahl				221	

Inhalt

Deutsch mit Olli 3 Testheft

Redaktion:	Julia Kluge
Illustration:	Christian Bartz (S. 9, 13 Hai, Saite, Mais), Petra Eimer (Papagei Olli), Axel Nicolai (S. 2–5, 10, 13 Leiter, Eis)
Umschlaggestaltung:	Corinna Babylon und Jule Kienecker, Berlin
Umschlagillustration:	Petra Eimer
Layout und technische Umsetzung:	Cornelia Gründer, Corngreen GmbH, Leipzig

www.cornelsen.de

1. Auflage, 1. Druck 2022

Alle Drucke dieser Auflage sind inhaltlich unverändert
und können im Unterricht nebeneinander verwendet werden.

Druck: H. Heenemann, Berlin

Dieses Heft ist Bestandteil der Arbeitshefte Olli 3 Sprachbuch Leicht/Basis (ISBN 978-3-464-80251-9) sowie Olli 3 Sprachbuch Basis/Plus (ISBN 978-3-464-80252-6) und ist nicht einzeln bestellbar.
Es kann im 10er-Pack nachbestellt werden (ISBN 978-3-464-80754-5).

PEFC zertifiziert
Dieses Produkt stammt aus nachhaltig bewirtschafteten Wäldern und kontrollierten Quellen.
www.pefc.de
PEFC/04-31-1156

220052262